MÁRIO DE ANDRADE LÊ PADRE JESUÍNO DO MONTE CARMELO

Editora Appris Ltda.
1.ª Edição - Copyright© 2024 da autora
Direitos de Edição Reservados à Editora Appris Ltda.

Nenhuma parte desta obra poderá ser utilizada indevidamente, sem estar de acordo com a Lei n° 9.610/98. Se incorreções forem encontradas, serão de exclusiva responsabilidade de seus organizadores. Foi realizado o Depósito Legal na Fundação Biblioteca Nacional, de acordo com as Leis n°s 10.994, de 14/12/2004, e 12.192, de 14/01/2010.

Catalogação na Fonte
Elaborado por: Dayanne Leal Souza
Bibliotecária CRB 9/2162

B282m
2024

Barsalini, Maria Silvia Ianni
Mário de Andrade lê padre Jesuíno do Monte Carmelo / Maria Silvia Ianni Barsalini. – 1. ed. – Curitiba: Appris, 2024.
205 p. : il. color. ; 23 cm. – (Coleção Linguagem e Literatura).

Inclui referências.
Inclui bibliografias das ilustrações.
ISBN 978-65-250-6399-7

1. Arte sacra. 2. Pintura. 3. Itu (SP). 4. História da arte. I. Barsalini, Maria Silvia Ianni. II. Título. III. Série.

CDD – 704.948

Appris editora

Editora e Livraria Appris Ltda.
Av. Manoel Ribas, 2265 – Mercês
Curitiba/PR – CEP: 80810-002
Tel. (41) 3156 - 4731
www.editoraappris.com.br

Printed in Brazil
Impresso no Brasil

Maria Silvia Ianni Barsalini

MÁRIO DE ANDRADE LÊ PADRE JESUÍNO DO MONTE CARMELO

Appris Editora

Curitiba, PR
2024

FICHA TÉCNICA

EDITORIAL	Augusto Coelho
	Sara C. de Andrade Coelho
COMITÊ EDITORIAL	Ana El Achkar (Universo/RJ)
	Andréa Barbosa Gouveia (UFPR)
	Antonio Evangelista de Souza Netto (PUC-SP)
	Belinda Cunha (UFPB)
	Délton Winter de Carvalho (FMP)
	Edson da Silva (UFVJM)
	Eliete Correia dos Santos (UEPB)
	Erineu Foerste (UFES)
	Erineu Foerste (Ufes)
	Fabiano Santos (UERJ-IESP)
	Francinete Fernandes de Sousa (UEPB)
	Francisco Carlos Duarte (PUCPR)
	Francisco de Assis (Fiam-Faam-SP-Brasil)
	Gláucia Figueiredo (UNIPAMPA/ UDELAR)
	Jacques de Lima Ferreira (UNOESC)
	Jean Carlos Gonçalves (UFPR)
	José Wálter Nunes (UnB)
	Junia de Vilhena (PUC-RIO)
	Lucas Mesquita (UNILA)
	Márcia Gonçalves (Unitau)
	Maria Aparecida Barbosa (USP)
	Maria Margarida de Andrade (Umack)
	Marilda A. Behrens (PUCPR)
	Marília Andrade Torales Campos (UFPR)
	Marli Caetano
	Patrícia L. Torres (PUCPR)
	Paula Costa Mosca Macedo (UNIFESP)
	Ramon Blanco (UNILA)
	Roberta Ecleide Kelly (NEPE)
	Roque Ismael da Costa Güllich (UFFS)
	Sergio Gomes (UFRJ)
	Tiago Gagliano Pinto Alberto (PUCPR)
	Toni Reis (UP)
	Valdomiro de Oliveira (UFPR)
SUPERVISOR DA PRODUÇÃO	Renata Cristina Lopes Miccelli
ASSISTENTE EDITORIAL	Adrielli de Almeida
PRODUÇÃO EDITORIAL	Isamara Gouvêa
REVISÃO	Bruna Fernanda Martins
DIAGRAMAÇÃO	Amélia Lopes
CAPA	Kananda Ferreira
REVISÃO DE PROVA	Sabrina Costa

COMITÊ CIENTÍFICO DA COLEÇÃO LINGUAGEM E LITERATURA

DIREÇÃO CIENTÍFICA Erineu Foerste (UFES)

CONSULTORES	Alessandra Paola Caramori (UFBA)	Leda Cecília Szabo (Univ. Metodista)
	Alice Maria Ferreira de Araújo (UnB)	Letícia Queiroz de Carvalho (IFES)
	Célia Maria Barbosa da Silva (UnP)	Lidia Almeida Barros (UNESP-Rio Preto)
	Cleo A. Altenhofen (UFRGS)	Maria Margarida de Andrade (UMACK)
	Darcília Marindir Pinto Simões (UERJ)	Maria Luisa Ortiz Alvares (UnB)
	Edenize Ponzo Peres (UFES)	Maria do Socorro Silva de Aragão (UFPB)
	Eliana Meneses de Melo (UBC/UMC)	Maria de Fátima Mesquita Batista (UFPB)
	Gerda Margit Schütz-Foerste (UFES)	Maurizio Babini (UNESP-Rio Preto)
	Guiomar Fanganiello Calçada (USP)	Mônica Maria Guimarães Savedra (UFF)
	Ieda Maria Alves (USP)	Nelly Carvalho (UFPE)
	Ismael Tressmann (Povo Tradicional Pomerano)	Rainer Enrique Hamel (Universidad do México)
	Joachim Born (Universidade de Giessen/ Alemanha)	

A Valdemir, companheiro de vida.

Padre Jesuíno do Monte Carmelo, obra de "[...] relevo singular [...]" na bibliografia de Mário de Andrade, "[...] é o único estudo, em grandes proporções, nos domínios da arte colonial brasileira, e é também o seu último e mais meditado livro."

(Rodrigo Mello Franco de Andrade, "Prefácio" ao Padre Jesuíno do Monte Carmelo, p. 24)

Desconfio que não nasci pra trabalhos como este, a "invenção" trabalha demais. [...] Parece absurdo mas é a mais assustadora das verdades. Eu decerto nasci pra mentir... como os poetas. Ou consertando: nasci pra ultrapassar as verdades, que fica mais agradável.

(Mário de Andrade, Cartas de trabalho, p. 180)

PREFÁCIO

Mário de Andrade entre o barroco e o modernismo

A obra *Mario de Andrade lê Padre Jesuíno do Monte Carmelo,* da pesquisadora ituana Maria Silvia Ianni Barsalini, faz jus ao título da consagrada biografia que o modernista Mário realizou sobre o artista barroco Jesuíno. Diria mais, a autora foi além daquelas edições sobre as obras legadas pelo artista santista que realizou importantes trabalhos para os carmelitas em Santos, Itu e São Paulo. Não se trata, portanto, de um *revival* dessa biografia específica, mas ampliada para uma compreensão maior dentro da obra crítica de Mário, na busca de paralelos com a obra escultórica de Aleijadinho inserida no contexto do barroco latino-americano.

Maria Silvia, no Capítulo I, discorre de maneira aprofundada a respeito das faces de Mário modernista com as teses de críticos latino-americanos. Do poeta cubano José Lezama Lima amplia-se o barroco latino-americano que, segundo ele, o prodigioso triunfo de Aleijadinho e as obras do índio Kondori, com a fachada da igreja de São Lourenço em Potosi, Bolívia, deve-se ao fato de os artistas hispano-inca e hispano-negroide terem recebido uma forma estilística de grande tradição e que, ao invés de diminuí-la, a devolvem enriquecidas, plenas de liberdade.

Mário, líder da renovação mental do Movimento Modernista em São Paulo, é a reflexão do Capítulo II no qual a autora traça um cronograma das atitudes de Mário desde os anos 1917 até 1945. Em 1920, integrou-se ao grupo modernista de São Paulo e escreveu para o amigo Rodrigo Mello Franco de Andrade que Antônio Francisco Lisboa era o único artista brasileiro que considerava genial, em toda a eficácia do termo. Em 1922 participou ativamente da Semana de Arte Moderna em São Paulo. O ano de 1924 é importante, pois fora marcado pela ideia da caravana paulista para Minas Gerais, resultando no ensaio *O Aleijadinho e sua posição nacional*, publicado em 1928.

A aproximação de Mário de Andrade com o barroco no Capítulo III leva a autora a recorrer a vários estudiosos para elucidar as ideias do modernista, que vê nesse movimento a expressão de liberdade. Cita, por exemplo, Germain Bazin, o grande biógrafo de Aleijadinho, o artista que levou para a Igreja as aspirações de transcendência, expressas na arte barroca. De Affonso Ávila ressalta também o fato de que coube ao modernismo, mais especificamente por meio de Mário de Andrade, o mérito de ter pesquisado o folclore, além de ter descoberto o que o país produzira no passado, no domínio da arte autenticamente nacional.

No Capítulo IV, "Sintomas de identidade nacional nas obras de Aleijadinho", a autora mostra Mário tomando contato com as obras do artista mineiro, na primeira viagem a Minas, em 1919, e em seu retorno em 1924, mais focado em descobrir o Brasil, em especial nas cidades mineiras surgidas do ciclo do ouro. Dessas reflexões publica *O Aleijadinho e a sua posição nacional* em 1928, exaltando o mestiço que conseguira, pouco a pouco, impor a sua arte no período colonial, uma arte que considerava brilhante e, mais importante ainda, em um momento histórico em que o mestiço ainda era acintosamente marginalizado.

Em 1930 comemorou o bicentenário do nascimento de Aleijadinho com uma conferência na qual o aclama o maior artista do Brasil, autor de obras impregnadas de genialidade, e lamenta que nenhum estrangeiro tivesse demonstrado admiração pelo artista, talvez porque se mostrasse muito primitivo em suas manifestações.

No Capítulo V, "Uma descoberta instigante", a pesquisadora revela as surpresas que Mário encontra na arte barroca paulista. Inicia-se uma intensa correspondência com Rodrigo Mello Franco de Andrade. Como funcionário do Sphan, Mário foi incumbido de realizar o levantamento de obras de arte, dentro da capital de São Paulo e cidades próximas. Dirá ao correspondente que em São Paulo não tinha obras de valor artístico como as de Minas Gerais, Pernambuco e Rio de Janeiro. Porém em 1941 informa a Paulo Duarte que está entusiasmado para escrever a biografia do frei Jesuíno do Monte Carmelo. De 1941 a 1945, seus últimos anos de vida, dedica-se a escrever sobre esse artista muito interessante que descobrira em Itu.

Aos poucos os artigos sobre Jesuíno iam saindo conforme se encontram no Capítulo VI. Em 1942 descobriu uma carta do padre Jesuíno do Monte Carmelo, o pintor do teto dos Carmos paulistano e ituano. Assim procedeu com entusiasmo a cada documento encontrado, tanto a respeito da vida como das pinturas em Itu e São Paulo. Uma busca incessante iniciou-se sobre a autenticidade das obras ou mesmo atribuições. A certa altura de suas investidas, sentiu-se completamente desvairado. Em um dos relatórios a Rodrigo confessava ser Jesuíno um homem assustadoramente apaixonante.

No Capítulo VII, "Jesuíno e Mário, a ficção se mescla à história", a autora elabora de maneira apaixonante o clímax de Mário ao se sentir autor de uma biografia diferenciada. O aspecto psicológico teria superado o científico? Na falta de documentos comprobatórios das obras, aprisionou-se aos fatos da vida extraordinária e apaixonante do artista mestiço. Como aceitaria o pesquisador rigoroso ter gestado uma biografia híbrida, com lacunas na documentação e impregnada de imaginação? Ou ainda qual teria sido a medida de Mário, como biógrafo de tamanha erudição e criatividade literária, romanceando a vida do mestiço Jesuíno, artista de pinturas tão louváveis? Tanto Mário não pôde ver sua obra publicada quanto Jesuíno não pôde celebrar a missa na inauguração do Patrocínio. A História da Arte Brasileira foi enaltecida com a mais espetacular biografia até então escrita sobre um artista colonial, assinada pelo mais relevante escritor modernista. Mário e Jesuíno se reuniram num arraiá celeste pleno de anjinhos mestiços.

Prof. Dr. Percival Tirapeli
Titular em História da Arte Brasileira pelo Instituto de Artes da Unesp

Primavera de 2023

SUMÁRIO

I
BARROCO: CHAVE IMPORTANTE PARA SE ENTENDER A MODERNIDADE BRASILEIRA E A CULTURA LATINO-AMERICANA 15

II
MÁRIO DE ANDRADE: LÍDER DA RENOVAÇÃO MENTAL DO MOVIMENTO MODERNISTA EM SÃO PAULO 59

III
AS REFERÊNCIAS AO BARROCO NA OBRA DE MÁRIO DE ANDRADE 75

IV
SINTOMAS DE IDENTIDADE NACIONAL NAS OBRAS DO ALEIJADINHO 99

V
UMA DESCOBERTA INSTIGANTE 113

VI
***PADRE JESUÍNO DO MONTE CARMELO*: APENAS UM ESTUDO BIOGRÁFICO?** 123

VII
JESUÍNO E MÁRIO, A FICÇÃO SE MESCLA À HISTÓRIA 179

REFERÊNCIAS 195

BIBLIOGRAFIA DAS ILUSTRAÇÕES 201

I

BARROCO: CHAVE IMPORTANTE PARA SE ENTENDER A MODERNIDADE BRASILEIRA E A CULTURA LATINO-AMERICANA

Quase um século foi preciso para que a manifestação artística do mestiço, vista com preconceito e desprezada no século XIX, pudesse novamente merecer atenção e, passados esse século XIX e princípios do XX, se encontrará a modernidade, que buscou nas origens das tradições a expressão da consciência histórica nacional. O antigo acabará sendo moderno, se ressuscitado como negação da tradição mais próxima e como proposta de uma outra, renovada, que seria ainda pesquisada, enriquecida e, com o passar do tempo, finalmente implantada.

Ambos os homens, o do barroco e o da modernidade, apresentarão anseios, angústias e aflições bastante semelhantes entre si, apesar de que, entre um e outro, todo um século se colocará.

De acordo com Affonso Ávila,

> O homem barroco e o do século XX são um único e mesmo homem agônico, perplexo, dilemático, dilacerado entre a consciência de um mundo novo – ontem revelado pelas grandes navegações e as idéias do humanismo, hoje pela conquista do espaço e os avanços da técnica – e as peias de uma estrutura anacrônica que o aliena das novas evidências da realidade - ontem a contra-reforma, a inquisição, o absolutismo, hoje o risco da guerra nuclear, o sub-desenvolvimento das nações pobres, o sistema cruel das sociedades altamente industrializadas. Vivendo aguda e angustiosamente sob a órbita do medo, da insegurança, da instabilidade, tanto o artista barroco quanto o moderno exprimem dramaticamente o seu instante social e existencial, fazendo com que a arte também assuma formas agônicas, perplexas, dilemáticas.[1]

---
[1] ÁVILA, Affonso. *O Lúdico e as Projeções do Mundo Barroco – I* - Uma linguagem A dos Cortes / Uma consciência A dos Luces. 3. ed. São Paulo: Editora Perspectiva, Coleção Debates, 1994. p. 26.

Também o século XX, assim como acontecera com o XVIII, refletirá todo um modo de vida, um particular estado de espírito, uma especial maneira de ver e de sentir o mundo. O homem de que se fala, em crise, assustou-se diante do que o mundo podia lhe oferecer. Desse modo, igualmente perplexos, ambos, o barroco e o moderno acabarão produzindo uma arte plena de instabilidade nas formas.

Tanto a arte moderna como o barroco foram lições de formalização das influências eruditas, lições de criação, de originalidade, de maior sensibilidade ótica, marcadas por uma bem característica liberdade formal e pelo forte e insistente apelo ao visual e ao sensorial.

O mesmo Ávila considera que

> [...] ao assumir a função de arte persuasiva, formativa, posta a serviço de uma ideologia – a da contra-reforma e até, como querem alguns autores, a da própria reforma nos países protestantes – o barroco teve que abrir-se, teve que sugerir, teve que excitar, teve que propiciar a co-participação imaginadora do homem comum. Essa abertura, quando excessiva, incontrolada, levou mesmo ao surgimento de um barroco popular, muitas vezes deformador, caricatural, ingênuo. Mas o certo é que tanto nesse tipo de criação primitiva, quanto na arte das capelas reais e das academias palacianas, o barroco plástico e o barroco literário representaram um dos instantes mais altos de liberação, de avanço, de adensamento da linguagem estética.[2]

Nele, os temas de encantamento e sedução passaram, na realidade, a ser um jogo do qual compactuavam, tanto o criador da obra de arte como o espectador, que se deixava enlevar por ela. Como se tratava de uma sociedade tensionada e agônica, impulsionada pela inacessibilidade do espiritual, criou-se em decorrência a imagem de um mundo que pairava acima do que fosse humano.

Em relação às realizações artísticas do XIX, o século XX vivenciou inconformismo e descontentamento. Agora, com o despertar dos novos tempos, ao lado de uma outra percepção, também aflorariam veemente crítica ao passado imediato, a busca da interrupção da continuidade e um forte desejo de ruptura.

Em sua incessante corrida em direção ao futuro, a modernidade acabou sendo sinônimo de particular, de único, de diferente, de transitório.

---
[2] ÁVILA, 1994, p. 27.

O homem que a vivenciará será aquele que necessita e gosta de mudanças, buscando-as de forma incessante, e muitas vezes frenética. Aos poucos, firmou-se a apologia do retorno ao passado e ao elemento popular, apologia essa que caminhou passo a passo com a negação dos princípios então vigentes na arte: o academicismo considerado obsoleto e o ultrapassado apelo ao erudito. A exemplo do que acontecera no momento do barroco, também na modernidade instituiu-se a estética da surpresa.

Além da interrupção da continuidade e da crítica ao passado imediato, às vezes a modernidade trouxe consigo até a crítica a si mesma. O diferente a seduziu e ela buscou, na tradição do barroco, nesse momento em que as manifestações artísticas surgiram tão originais e diversas de tudo o que se produzira na Europa ocidental, o espírito de ruptura de que se alimentou.

Não mais regras a serem seguidas: as únicas, agora, se alicerçariam no diverso e na exceção, na mudança constante, no desejo de desobedecer, e na vontade de chocar.

Deliberadamente se agredirá o antigo, o velho, o ultrapassado, em uma nova versão da "Querelle des Anciens et des Modernes": de um lado, a geração conservadora, criticando e destruindo toda arte jovem; de outro, a nova geração, revolucionária, irreverente, audaciosa, produzindo apenas aquilo em que acreditava, da forma como pensava que deveria ser, com toda a liberdade e arroubo de que era capaz.

Nesse momento, o Brasil tinha como sede de governo o Rio de Janeiro, a capital da antiga Corte, o respeitadíssimo centro político e cultural do país onde, de acordo com o juízo modernista, se rejeitava e se perseguia tudo o que lembrasse a vida popular e interiorana, cultuando-se apenas o que tivesse o carimbo da Europa, o que fosse proveniente de Paris.

Entretanto, em São Paulo começava a despontar um movimento mais tarde chamado de Modernismo, e que se expandiria por outras regiões do país, reconhecido como de grande importância para a descoberta do que era de fato autenticamente nacional e atual, e que descartava, por meio de uma orientação de caráter bastante crítico, o falso, o importado, o superado. Desse ponto de vista, foi o maior movimento brasileiro. Contudo, somente após 1910 é que as propostas de modernidade, com marcas de vanguarda, começaram efetivamente a surgir.

A primeira delas foi a exposição de Lasar Segall, em Campinas, no ano de 1912, quase desapercebida, mas que não deixou de significar, para os que pudessem estar atentos a isso, um sinal de que novas rupturas, agora muito mais intensas e profundas, eclodiriam.

Em 1917, com a ousadia de Anita Malfatti e de suas telas "extravagantes", a rotina medíocre de tudo o que acontecia no mundo da arte brasileira foi questionada e, em 1922, a Semana de Arte Moderna acabou tumultuando fortemente o ambiente artístico.

Para Aracy Amaral, Anita Malfatti e suas telas, que o público conservador da segunda década de 1900 considerou verdadeiras expressões de antiarte, foram o "estopim do modernismo" e isso abalaria de forma irremediável o ambiente intelectual brasileiro.

A partir daí, uniram-se jovens empenhados em um ideal de "atualização da inteligência brasileira", que destruísse todos os cânones para eles obsoletos – ao mesmo tempo que lutavam pela renovação das artes, preocupavam-se em encontrar as suas raízes, em reconectar a seus ideais uma tradição esquecida e abandonada; buscavam algo novo, sim, mas algo que fosse autenticamente brasileiro.

Sabe-se que a arte sempre trilha um caminho que conduz à reflexão e à tentativa de modificações da realidade de uma forma criadora, e foi nesse momento da redescoberta das tradições, da Nação, da terra, momento em que se perdeu "a nossa timidez acaipirada, envergonhada",[3] momento de renovação, de retomada do verdadeiro caminho, de aceitação da realidade, em que ela conseguiu impor novas cores a uma cultura cujo brilho se mostrara, até então, demasiadamente esmaecido.

Caminhando pelo passado e redescobrindo as suas origens, a arte acabaria por chegar até o barroco brasileiro e às suas manifestações artísticas de sabor tropical, quentes, nacionais, expressivas do caráter de um povo e da paisagem de um país que, tateante, fora pouco a pouco se deixando conhecer por meio de uma linguagem nova. Aí, nas raízes do enfoque diferente e desconcertante que explodiriam nas obras dos artistas da Semana de 1922, é que se poderia retomar o caminho da inventividade aberto pelo barroco.

Em um processo de conscientização daquilo que se podia considerar como verdadeiramente nativista, exploraram-se a liberdade formal e a autonomia absoluta que o homem moderno imprimira às suas buscas. A perspectiva em diagonal, a ilusão do movimento e o dinamismo das imagens tornaram a obra de arte plena de ludicidade, tanto no período barroco, momento da criação desses recursos, como na modernidade do século XX.

---

[3] ANDRADE, Mário de. O Aleijadinho. *Aspectos das artes plásticas no Brasil*. 3. ed. Belo Horizonte: Editora Itatiaia Limitada, 1984. p. 21.

Então, descobriu-se que o barroco mineiro havia sido a primeira manifestação artística genuinamente brasileira, criador de uma nova tradição na arte, a *tradição do novo*. É bem verdade que essa tradição, durante quase um século, quando detectada no momento do Modernismo, reaparecera, impetuosa e deliberadamente, provocando, na estética, um impulso que acabaria por desembocar, a partir de uma conscientização crítica da realidade artística brasileira, em uma arte de linguagem nova, autônoma e renovada. Tanto no barroco mineiro do século XVIII como no modernismo do XX, períodos nos quais a *mudança* foi o fundamento da arte, a expressão brasileira de forma alguma será inferior porque conscientemente rebelde, porque se negava a obedecer o que era ditado pela Europa; ao contrário, acabará, sim, recriando antropofagicamente tudo aquilo que havia sido importado.

Momentos de ruptura, momentos de autenticidade – um deles inconsciente e, para Mário de Andrade, manifestação do sentimento do único povo que poderia ser considerado como verdadeiramente brasileiro: o mestiço; o outro, de que germinaria o modernismo, elaborado de forma determinada e proposital. Desses momentos é que nasceria a arte moderna brasileira, e só após essa manifestação é que o mundo artístico se conscientizaria da realidade de um país que buscava ser reconhecido no universo artístico ocidental.

Um deles traduzira espontaneamente a alma de uma nova nação; o outro direcionaria, com propósitos deliberados, o interesse pela tradição e a tentativa de trazê-la para o seu tempo, por meio de uma recriação de forma inovadora.

Apesar de incansável batalhador do modernismo, verdadeiro e inconteste baluarte das ideias novas, sofrendo durante na vida as consequências de haver encampado tal bandeira, Mário de Andrade, em 1942, na conferência pronunciada no Rio de Janeiro sobre esse movimento, ao fazer uma avaliação a respeito de tudo o que acontecera, concluiria que ficara muito a dever à sociedade, penitenciando-se das inúmeras festas e reuniões de que participara, no período que considerava, dentro do modernismo, como sendo o primeiro. Agora mais velho, como ele mesmo dissera, acreditava que naquela época deveria ter se envolvido mais na vida política, e se cobrava uma atuação que não exercera. Afirmava:

> [...] embora lançando inúmeros processos e ideias novas, o movimento modernista foi essencialmente destruidor. Até destruidor de nós mesmos, porque o pragmatismo das

19

pesquisas sempre enfraqueceu a liberdade de criação. Essa a verdade verdadeira.[4]

Sobre a liberdade que os artistas modernos de épocas mais recentes desfrutavam então, aceitos até pelos "elementos governamentais", diria

> [...] jamais não poderão suspeitar o a que nos sujeitamos, pra que êles pudessem viver hoje abertamente o drama que os dignifica. A váia acêsa, o insulto público, a carta anônima, a perseguição financeira...[5]

E no discurso, verdadeiro exame de consciência, penitenciando-se:

> Não. O nosso sentido era especificamente destruidor. A aristocracia tradicional nos deu mão forte, pondo em evidência mais essa geminação do destino – também ela já então autofagicamente destruidora, por não ter mais uma significação legitimável. [...]
>
> Mas nós estávamos longe, arrebatados pelos ventos da destruição. E fazíamos ou preparávamos especialmente pela festa, de que a Semana de Arte Moderna fora a primeira. Todo esse tempo destruidor do movimento modernista foi pra nós tempo de festa, [...]. Doutrinários, na ebriez de mil e uma teorias, salvando o Brasil, inventando o mundo.[6]

É bem verdade que reconheceria no movimento, em relação à mudança de princípios e de técnicas, bastante arraigados até os anos 20, bem como à revolta aberta e corajosa contra o que chamava de "Inteligência nacional", a importante ruptura acontecida no mundo artístico brasileiro, mas todo o tom do discurso era de autocensura.

> Porque na verdade, o período... heróico, fôra esse anterior, iniciado com a exposição de pintura de Anita Malfatti e terminado na "festa" da Semana de Arte Moderna. [...] Isolados do mundo ambiente, caçoados, evitados, achincalhados, [...] ninguém não pode imaginar o delírio ingênuo de grandeza e convencimento pessoal com que reagimos. O estado de exaltação em que vivíamos era incontrolável. Qualquer

---

[4] ANDRADE, Mário de. O Movimento Modernista. *Aspectos da literatura brasileira*. 5. ed. São Paulo: Livraria Martins Editora, 1974. p. 240.

[5] *Ibidem*, p. 251.

[6] *Ibidem*, p. 241.

página de qualquer um de nós jogava os outros a comoções prodigiosas, mas aquilo era genial![7]

E houve um segundo período, que entendia como sendo preparador "de um estado de espírito revolucionário", embora não tivesse, para ele, sido "o fator das mudanças político-sociais" acontecidas no Brasil. No entanto, atribuía a esse momento a implantação de três princípios fundamentais: "O direito permanente à pesquisa estética; a atualização da inteligência artística brasileira; e a estabilização de uma consciência criadora nacional."[8]

Disso tudo resultaria o "anti-academismo das gerações posteriores à da Semana de Arte Moderna", em uma "normalização do espírito de pesquisa estética, anti-acadêmica, porém não mais revoltada e destruidora, [...] a maior manifestação de independência e de estabilidade nacional que já conquistou a Inteligência brasileira."[9]

Referindo-se às outras escolas de arte do século XIX, falaria do seu academicismo, da sua subserviência à cultura importada o que, para ele, só podia denunciar "o colonialismo da Inteligência nacional." E continuava:

> "Nada mais absurdamente imitativo (pois si nem era imitação, era escravidão!) que a cópia, no Brasil, de movimentos estéticos particulares, que de forma alguma eram universais [...]." Tudo era imposto "[...] de cima pra baixo, de proprietário a propriedade, sem o menor fundamento nas forças populares. D'aí uma base deshumana, prepotente e, meu Deus! arianizante que, si prova o imperialismo dos que com ela dominavam, prova a sujeição dos que com ela eram dominados."[10]

Mas afinal, o que era o modernismo para Mário de Andrade?

É ainda nesse discurso, à p. 251, que responderá: "Ele não era uma estética, nem na Europa, nem aqui. Era um estado de espírito revoltado e revolucionário."

E todo espírito revoltado e revolucionário, consciente ou inconscientemente, acaba muitas vezes sendo conduzido à ruptura do "status quo", levado a um comportamento normalmente entendido como de rebeldia e de transgressão, o que resultará em rejeições e censuras por parte dos conservadores. E rebeldia e transgressão, na arte, muitas vezes estão impregnadas de grande força de inventividade.

---

[7] *Ibidem*, p. 237.
[8] *Ibidem*, p. 242.
[9] *Ibidem*, p. 249.
[10] *Ibidem*, p. 250.

À procura de inovações, tanto o barroco como o modernismo acabariam por expressar situações de constante "inquietude estética", o que revelaria "o elemento de busca intelectual".[11]

Duas épocas que, embora cronologicamente distanciadas, demonstrariam grande afinidade de dúvidas, de questionamentos, de crises de valores semelhantes entre si, de perplexidades existenciais por causa das inúmeras transformações que aconteciam, tanto no âmbito nacional como no internacional. Tudo isso repercutiria nas maneiras de sentir e de pensar de toda uma geração, e os resultados delas, esteticamente, seriam duas artes igualmente instáveis quanto às formas e igualmente rebeldes quanto às regras.

Vale observar que em 1922, exatamente cem anos após a Independência do Brasil, é que aconteceria a Semana de Arte Moderna. Para Affonso Ávila, que, ao contrário de Mário de Andrade, considera o período muito mais construtor do que destruidor, foi "o maior movimento que já se verificou no Brasil no sentido de dar balanço do que é a sua realidade, com orientação eminentemente crítica, de modo a substituir o falso e o superado pelo autêntico e atual."[12] Ressalta também o fato de que coube ao modernismo, mais especificamente por intermédio de Mário de Andrade, o mérito de ter pesquisado o folclore, cultuando-o depois, além de ter descoberto o que o país produzira no passado, no domínio da arte autenticamente nacional. Em 1919 conhecera a riqueza do barroco de Minas, e anos mais tarde, em 1937, as criações do paulista e igualmente pardo Padre Jesuíno. Tanto nas obras do Aleijadinho, da Nossa Senhora negra e dos anjos pardos de Ataíde representados no teto da Igreja de São Francisco de Assis de Ouro Preto, como nas representações pictóricas deixadas na cidade de Itu ou na de São Paulo pelo Padre Jesuíno do Monte Carmelo, reconheceria uma arte marcada pelas características miscigenadas do povo brasileiro.

A preocupação com a descoberta das raízes da nacionalidade do país é que o teria norteado, em um processo constante de cuidadosa identificação de suas fontes: "Hoje estamos preocupados em voltar às nascentes de nós mesmos, e da arte".[13]

De acordo com Manuel Bandeira:

---

[11] NUNES, Benedito. Estética e correntes do Modernismo. In: ÁVILA, Affonso. *O Modernismo*. São Paulo: Editora Perspectiva, 1975. p. 41.

[12] ÁVILA, 1975, p. 13.

[13] ANDRADE, Mário de. Luís Aranha ou a Poesia Preparatoriana. *Aspectos da literatura brasileira*. São Paulo: Martins, [s. d.]. p. 49-50.

A guerra de 1914 provocou em todo o mundo uma como revivescência do sentimento nacional, que andava adormecido por várias décadas de propaganda socialista ativa. As elites sonhavam com uma organização política e social mais justa numa humanidade sem fronteiras. Mal, porém, se declarou o conflito, o espírito feroz da pátria se apoderou de todos, inclusive de socialistas. Nas nações beligerantes, o movimento nacionalista assumiu naturalmente as formas do patriotismo mais agressivo. Em países mais remotamente interessados, como foi o caso do nosso, o sentimento nativista exprimiu-se nas artes por uma volta aos assuntos nacionais.[14]

Interessante saber que, não fosse a elite tradicional paulistana, mais especificamente representada pelo entusiasmado apoio oferecido por Paulo Prado, a Semana não teria se realizado. Será o próprio Paulo Prado quem escreverá a René Thiollier: "É o desenvolvimento da tese que eu, se fosse escritor e jornalista, escreveria à moda de Barrès, com este título – A Arte Moderna e Niilismo... Isto é Reação – reação contra as oligarquias artísticas e políticas, contra o mau gosto e a má política".[15]

"Foi um momento de construção do Brasil, crítico e criador. Contribuiu para revelar a verdadeira fisionomia nacional";[16] trouxe à tona e valorizou aquilo que era nativo; estudou e analisou o que era mais tradicionalmente nacional como fonte de inspiração, abalando irremediavelmente a estratificação mental dominante, daqueles que tanto temiam a mudança, fato que, depois se viu, seria confirmado com o passar do tempo. O novo momento, retomando a tradição de inventividade e o apelo ao visual e ao sensorial, tão próprios ao barroco, acabaria por apresentar uma arte conscientemente adulta e enriquecida, graças ao contato que os intelectuais paulistas, especialmente Mário de Andrade, tiveram com a autenticidade da arte e da cultura brasileiras, após a visita que fizeram a Minas Gerais, ao Norte e ao Nordeste do país.

Aquilo de que, durante um século todo, o XIX, se esquecera porque não reconhecido como arte, acabou sendo retomado. Tudo se traduzia como um outro repensar do Brasil, alimentado de liberdade, em uma volta

---

[14] BANDEIRA, Manuel. *Crônicas da Província do Brasil*. Rio de Janeiro: Civilização Brasileira, 1937. Cap. "Arquitetura brasileira", p. 93. *In*: AMARAL, Aracy. *Artes Plásticas*..., p. 50-51.

[15] AMARAL, Aracy. *Artes Plásticas na Semana de 22* – Subsídios para uma história da renovação das artes no Brasil. 4. ed. São Paulo: Editora Perspectiva, 1979. p. 215-216.

[16] ÁVILA, 1975, p. 17.

ao novo, que havia sido criado pelo Aleijadinho e por tantos artistas de sua época, plásticos ou não.

De acordo com Affonso Ávila,

> O Modernismo acontece com a cristalização do *novo*, ele impõe à literatura, à arte brasileira, uma consonância histórica com a própria mudança de estrutura que a industrialização nascente exigia da sociedade agrícola, patriarcal e romântica, o ingresso nacional no processo de reciclagem universal do pensamento filosófico e político, da automação das ciências, do pluralismo e libertação das formas criativas. Lento a princípio, acelerando-se depois, o Modernismo sacode o letargo do país afeito ao idealismo, ao bucolismo, à retórica do ufanismo ingênuo e nos joga de chofre no bojo do século XX, reacendendo no nosso homem de reflexão e criação os brios recalcados da tradição de inventividade, da coragem de *ver, sentir e formar*, sem medo, com os recursos, as intuições, os riscos de erro da nossa individualidade nacional e latino-americana. Não foi à toa que coube aos modernistas de São Paulo e de Minas a redescoberta do Barroco, que o verniz civilizado das etiquetas de importação do século XIX relegara ao escanteio equivocado da excentricidade, da deformação de imaginação popular, da ausência de força criativa e beleza [...] o retorno enfim aos anseios da mãe-terra capazes de nos alimentar de novo e do novo.[17]

É ainda Affonso Ávila quem diz, sobre a arte barroca:

> [...] uma arte que se movimenta em suas massas, que aprofunda as suas dimensões, que impregna as suas cores de tonalidades cambiantes de luz e sombra. O fenômeno da alternância de focos, estimulante de novas *direções de leitura*, foi certamente um dos fatores que levaram Umberto Eco a identificar na obra barroca um exemplo premonitório daquela estrutura de arte de nossos dias que ele viria a chamar *obra aberta*. [...] Há, portanto, em toda arte barroca declarada propensão para uma forma que se abre em indeterminação de limites e imprecisão de contornos, uma forma que apela para os recursos da impressão sensorial, que não quer apenas conter a informação estética, mas sobretudo comunicá-la sob um grau de tensão que transporte o receptor, o espectador, da simples esfera da plenitude intelectual e contemplativa para

---

[17] ÁVILA, 1994, p. 205.

uma estesia mais franca e envolvente – mais do que isso, para um êxtase dos sentidos sugestionadamente acesos e livres.[18]

Julga então, esse historiador, estar no barroco:

> [...] o único suporte realmente válido para a fixação de uma linha de tradição ao longo da história da criação artística no Brasil. [...]. E foi certamente por essa nossa singularidade de postura criadora, de índole redutora e antropofágica em relação ao barroco europeu, à arte do Velho Mundo, que Jean Paul Sartre, quando de sua visita ao Brasil, surpreendeu um elo inventivo entre a arquitetura de Niemeyer em Brasília e o barroquismo de Antonio Francisco Lisboa.[19]

Os contatos que Mário de Andrade teve com o barroco, em 1919 e depois em 1924, nas duas viagens realizadas até as cidades históricas de Minas Gerais, foram determinantes para que despertasse seu interesse pela arte barroca brasileira. Entusiasmado pela obra do Aleijadinho, soube apreender a enorme importância que esse barroco mineiro, instituidor de uma expressão artística especial, e retransformador das lições importadas, desempenhara na formação de uma linguagem nova e nativa.

Mais tarde, em 1937, como funcionário do Sphan, inventariando os bens artísticos de valor no estado de São Paulo, impressionou-se com as obras de outro artista colonial barroco. Tratava-se de um paulista até então desconhecido, o Padre Jesuíno do Monte Carmelo. Novamente se impressionou ao perceber as soluções inovadoras nele encontradas. Entusiasmado, logo escreveria a Rodrigo Mello Franco de Andrade, diretor da instituição à qual prestava serviços como Assistente Técnico, informando-o sobre a descoberta de obras de um artista que, no seu entender, merecia estudos mais aprofundados.

Vários anos se passaram depois disso, mudanças aconteceram na vida de Mário de Andrade pois, de residente em São Paulo desde o nascimento, passaria a morar e a trabalhar no Rio de Janeiro, ainda funcionário do Sphan, como professor de História da Arte, mas afinal caberia a ele mesmo, a partir do ano de 1941, a incumbência de descobrir tudo o que fosse possível sobre o Padre Jesuíno.

É importante reforçar que, tanto em 1919, ou em 1924, ou ainda na década de 30, de acordo com palavras dele mesmo, o barroco não era sequer

---
[18] *Ibidem*, p. 58.
[19] *Ibidem*, p. 33.

considerado pela intelectualidade do país e, no entanto, precursoramente, o escritor modernista soube ver e admirar, com olhos livres e isentos de preconceitos, uma nova manifestação artística.

No ensaio escrito sobre o Aleijadinho, diz que o grande artista mineiro vivera em um momento em que a Colônia, por causa de expressões artísticas de algumas capitanias, começara a mostrar uma nova linguagem por meio das obras dos mestiços (e eram tantos!). Foi quando o mestiço se impusera, marcando com as próprias interpretações, tudo aquilo que criava, fruto de sua inspiração. Defendia a ideia de que se tratava de um momento em que a raça, considerada por ele como verdadeiramente brasileira, a dos mestiços, surgira e, assim sendo, o verdadeiro Brasil teria brotado dessa mestiçagem, das idiossincrasias dos pardos que souberam, cada um à sua forma, expressar nas criações artísticas o estado de espírito, a forma de ser e os sentimentos da nova raça, miscigenada no seu desabrochar. Aquele *"desraçado"*, desconsiderado e marginalizado é que, para Mário de Andrade, acabaria sendo a verdadeira expressão de um povo ainda não conscientizado de sua nacionalidade.

Em vários momentos e com insistência referiu-se, nesse texto, à genial originalidade do Aleijadinho, em cujas obras se manifestava uma alma cheia de arroubos, de comoção e de religiosidade. "Trabalhando com técnica perfeita, ele foi duma variedade assombrosa. O individualismo divaga, pouco aferrável em tamanha riqueza de expressão."[20]

E reforça, com entusiasmo:

> Raro realista, foi um deformador sistemático. Mas a sua deformação é duma riqueza, duma liberdade de invenção absolutamente extraordinárias. [...] E vivendo no Barroco e o expressando, ele vai além das lições barrocas que presenciava, o seu tipo de igreja é dum sentimento renascente. E na torêutica ele manifesta uma ciência de composição equilibrada, muito serena, que escapole do barroco também. E na escultura ele é toda uma história da arte. Bizantino às vezes, como no leão de Congonhas, freqüentemente gótico, renascente às vezes, freqüentemente expressionista à alemã, evocando Cranach, Baldung, Klaus Sluter; e mais raro realista, dum realismo mais espanhol que português.[21]

---

[20] ANDRADE, Mário de. O Aleijadinho. *Aspectos das artes plásticas no Brasil*. 3. ed. Belo Horizonte: Editora Itatiaia Limitada, 1984. p. 39.
[21] ANDRADE, 3. ed., p. 40.

É oportuno lembrar que essas ideias, expostas por Mário de Andrade em um longínquo 1928, acabariam sendo corroboradas pelo poeta cubano José Lezama Lima, em torno de 1960 quando, no livro *A expressão americana*, referindo-se às obras do índio Kondori e às do Aleijadinho, escreve a respeito da "grande façanha do barroco americano":

> "O barroco como estilo conseguiu já na América do século XVIII, o pacto de família do índio Kondori, e do triunfo prodigioso do Aleijadinho, que prepara já a rebelião do século seguinte e é a prova de que se está maduro para uma ruptura. Eis aí a prova mais decisiva, quando um esforçado da forma recebe um estilo de grande tradição, e longe de diminuí-lo o devolve enriquecido, símbolo de que este país alcançou a sua forma na arte da cidade. [...] E a conquista de uma forma ou de um reino situa-se dentro do absoluto da liberdade.
>
> Vemos portanto que o senhor barroco americano [...] vigia e cuida as duas grandes sínteses" que estão na sua raiz "a hispano-incaica e a hispano-negróide." (o autor considera o mundo lusitano como parte do hispânico). "São as chispas da rebelião [...] criadora do barroco nosso [...] nutrida na sua própria pureza, pelos bocados do verídico bosque americano."[22]

Trata-se, aqui, do barroco latino-americano, um estilo andino-mestiço marcado por um "fundo de raça", pois a cultura latino-americana, embora ocidental, com o passar do tempo mostraria características bem diferenciadas desse mesmo contexto, o ocidental.

No barroco, como já se viu, deu-se vazão a todo o sentido de inventividade do artista, que se utiliza de uma linguagem completamente aberta e livre para aceitar experiências, sem se ater a limitantes regras que a dirigissem com rigor. Mesmo nas oprimidas colônias para onde se buscou transplantar a mentalidade e o estilo de vida espanhol ou português, o barroco acabaria sendo a arte da liberdade, pois se tentou buscar, e afinal se encontrou, uma fantasia que a ele fosse própria e autônoma.

Herdeira da profunda religiosidade originada das raízes ibero-hispânicas, a nova civilização que aos poucos se formava com os habitantes das novas terras, fossem eles provenientes da Europa ou nascidos na América, apresentavam como característica comum um sentimento exacerbado de piedade. A Igreja, soberana, dominava, e nela o centro de tudo, da vida e da

---

[22] LIMA, José Lezama. *A expressão americana*. Tradução, introdução e notas de Irlemar Chiampi. São Paulo: Editora Brasiliense, 1988. p. 104-106.

arte, estavam polarizados. Natural então que a arte das colônias se direcionasse exclusivamente à exaltação dos temas religiosos.

Germain Bazin afirma:

> A igreja é, portanto, o lugar para o qual convergem as aspirações de transcendência, buscadas pelas almas ainda primitivas deste período 'colonial' e os próprios espetáculos são, na maioria das vezes, representações religiosas, como no caso dos mistérios da Idade Média. A esta população, mesclada de forma tão estranha, resultado de uma singular mistura de raças e civilizações, vivendo nas terras virgens do Brasil nunca antes influenciadas por qualquer cultura, a Igreja vem trazer o único universo mental capaz de alimentar esses homens desenraizados: os brancos de sua terra, os negros da África e os índios, de sua maneira de viver tradicional.
>
> [...] O encanto da miragem barroca é mais atraente aqui do que em qualquer outro lugar, exatamente pela ausência absoluta de qualquer outro sistema de referência oferecido ao espírito. É, sem dúvida na América Latina e principalmente no Brasil, onde não existia qualquer forma anterior, que é possível captar o alcance humano dessa ficção" e que "aparece como um sinal através do qual se manifesta uma realidade oculta; ela contém, portanto, uma verdade moral e, sendo assim, não é passível de reprodução, transferida para um jogo de aparências.[23]

---

[23] BAZIN, Germain. *A arquitetura religiosa barroca no Brasil* – I volume. Revisão técnica e atualização, em colaboração com o autor, pelo Prof. Mário Barata, professor de História da Arte da UFRJ e da UNI-Rio. Tradução de Glória Lúcia Nunes. Rio de Janeiro: Editora Record, 1983. p. 11.

Figura 1 – Igreja de San Lorenzo, em Potosí, na Bolívia

Fonte: foto de Percival Tirapeli – acervo pessoal

Figura 2 – Igreja de San Lorenzo, em Potosí, na Bolívia

Fonte: foto de Percival Tirapeli – acervo pessoal

Figura 3 – Igreja de San Lorenzo, em Potosí, na Bolívia

Fonte: foto de Percival Tirapeli – acervo pessoal

Na América Latina, percebe-se, houve em determinado momento

> [...] preocupação com o papel primordial do barroco enquanto fator de aproximação, integração e casamento sígnico entre as aportações matriciais do chamado colonizador e uma predisposição sensível do universo novo e tropical, interagentes assim na moldagem de um ser cultural próprio e ibero-americano.[24]

Por meio de um processo de transculturação cujos resultados, no caso específico da América Latina, acabariam por se mostrar como sendo surpreendentemente curiosos, deles tendo se originado uma arte mais livre e criativa, originária da miscigenação de culturas diversas, detecta-se a influência que diferentes culturas e civilizações exercem entre si.

De acordo com Octavio Ianni,

> "É claro que sempre se afirmam e reafirmam as identidades de indivíduos, coletividades, etnias, religiões, línguas, nacionalidades, nações e outras. Em geral aparecem como ressurgências manifestas em conjunturas críticas, quando se abalam os quadros sociais e mentais de referência, quando se criam novos impasses ou multiplicam-se os novos horizontes. Nessas conjunturas, muitos se voltam às tradições e raízes, ou aos localismos, nacionalismos e fundamentalismos." Então, "Toda mudança cultural ou... toda *transculturação*, é um processo no qual sempre se dá algo em troca do que se recebe; é um 'tomar e dar'... É um processo no qual ambas as partes da equação resultam modificadas. Um processo do qual resulta uma nova realidade, composta e complexa".[25]

No entanto, apenas após 1940 e mais incisivamente depois de 1950 e 1960, é que se começou a reconhecer no ambiente intelectual brasileiro e até no europeu a mestiçagem como elemento elaborador de uma cultura específica, própria às Américas. Após a década de 50, e a partir de enfoques americanistas, é que se firmaria cada vez mais a aceitação da identidade cultural americana depreendida mediante a arte colonial barroca, arte essa criadora de obras importantes e em nada inferiores às europeias, tradicionalmente conhecidas e aceitas, até então, como as melhores; obras que testemunhavam a formação heterogênea de um povo, de uma América

---

[24] ÁVILA, 1994, p. 19.
[25] IANNI, Octavio. *Enigmas da modernidade - mundo*. Rio de Janeiro: Civilização Brasileira, 2000. p. 105-108.

mestiça que acabara por recriar, à sua forma, as influências trazidas pelo conquistador.

Só então se detectaria a indissolúvel ligação da cultura latino-americana com o Barroco europeu, aquele ao qual teriam se incorporado elementos mestiços e do qual surgiram obras originais, resultantes de uma síntese hispano-indígena e hispano-negra. Fruto talvez de todo um processo inconsciente em que os mestiços agiram como elementos transculturadores, tal síntese, na reinvenção da cultura europeia, acabaria por dar origem, graças à arte e aos materiais nativos, a uma outra, específica dos trópicos, mais enriquecida que o modelo.

E foi desse processo de mesclagem cultural que surgiram obras diferentes, verdadeiros reflexos da rebelião interna do "senhor barroco" (o mestiço, o primeiro americano) contra o seu colonizador. Exuberantes, marcadas por um "fundo de raça", em um estilo "andino-mestiço" todo ele impregnado de uma forma nova de ler o mundo, ao mesmo tempo não deixam de ser testemunhos da audácia e da ruptura dos artistas que, retransformando as influências eruditas, acabariam por expressar o sentimento nativo. Pode-se mesmo chamar a eles de pré-modernos, uma vez que a modernidade bebeu nas fontes dos períodos seiscentista e setecentista a ousadia de sua ruptura.

Considerando o Barroco como a "arte da contra-conquista",[26] Lezama Lima reconhece, nele, uma constante tensão gerada pela combinação entre os elementos europeus e os da arte mestiça, e não, ao contrário do que aconteceu em todo o século XIX, como um estilo caracterizado pela degenerescência. Define-o como sendo abrangente, entendendo que influenciara a linguagem, o mobiliário, a maneira de viver, de rezar (aqui podem ser lembrados os Exercícios Espirituais, tão difundidos até entre os artistas), e até mesmo de saborear e de elaborar os alimentos, tanto na Espanha como na América Espanhola.

Entre 1590 e 1775, na Espanha e em quase toda a Península Ibérica, pátria dos povos conquistadores do Novo Mundo, predominava na arte o estilo barroco. Por isso, nascida de uma grande arte religiosa, plena de linguagem simbólica e alegórica, floresceria na Nova Espanha do continente americano uma outra arte, igualmente grandiosa e preocupada, em especial, com a edificação de monumentais monastérios, catedrais suntuosas e inúmeras capelas.

De acordo com Elisa Vargaslugo,

---

[26] LIMA, 1988, p. 80.

> El arte barroco que floreció en la Nueva España, como todo el barroco hispanoamericano, constituye una expresión diferenciada del barroco español, del cual deriva. De la misma manera que el barroco en España, derivado del italiano, produjo una expresión diferenciada, este mismo arte al llegar a la Nueva España y encontrar las circunstancias religiosas, sociales e ideológicas favorables tuvo un desarrollo que alcanzó niveles apoteóticos, que no se encuentran en las obras españolas.[27]

A vida do homem novo-hispânico, pertencesse ele a qualquer camada social, se mostrava sempre impregnada de religiosidade – vida e pensamento só podiam ser regidos pelos dogmas da fé e pelo sentimento de que qualquer ato humano deveria estar determinado pela Providência Divina. A Igreja, dominando tudo, controlava também a atividade artística, do que decorreria o marcante predomínio da arte religiosa sobre a profana.

A mesma estudiosa considera que

> El gobierno civil nunca se preocupó por estimular u orientar la actividad artística. En cambio la Iglesia, desde los principios de la colonización, tomó medidas para controlar el trabajo y la expresión artística, sin descuidar nunca esta vigilancia, tal como consta en la documentación elaborada en los concilios eclesiásticos mexicanos – celebrados en 1555, 1565, 1585 y 1771 – que exigieron a los artistas entera sujeción a los cánones emanados del Concilio de Trento – realizado entre 1545 y 1563 para contrarrestar los efectos de la reforma de Lutero – para la correcta expresión artística. Por su parte, las Ordenanzas, conjunto de preceptos y mandatos de tipo técnico que regulaba el oficio de cada uno de los oficios artesanales, exigían a los artistas, habilidad en el oficio, pero en cuanto a conocimientos teóricos el único requisito era el conocimiento de la historia sagrada y de los dogmas de la fe.[28]

Com o espírito inundado de religiosidade, os artistas buscavam expressar o sobrenatural, os inatingíveis e invisíveis valores espirituais. Assim, a arquitetura religiosa barroca acabaria por se disseminar através de todo o território mexicano, construindo inúmeros templos nos quais se valorizaria prioritariamente a ornamentação. E é em função dessa ornamentação sempre deslumbrante que se pode perceber a grande importância atribuída ao simbólico, alcançado por meio de excepcional estrutura dinâmica, expressão

---

[27] VARGASLUGO, Elisa. *Mexico Barroco*. Barcelona: Salvat Editores; Grolier Editores. Hachette Latinoamericana, 1993. p. 13-14.
[28] VARGASLUGO, 1993, p. 23.

de uma busca ininterrupta à procura de maiores liberdades, com modelos de esculturas em atitudes declamatórias, em que não se permite nem espaço e nem lugar para a menor expressão de rigidez, e de pinturas feitas, muitas vezes, com traços quase etéreos.

Nos inúmeros templos mexicanos, como os de Puebla, ou mineiros como os de Ouro Preto, verdadeiros conjuntos simbólicos, a necessidade narrativa do barroco criaria formas diferentes de ornamentação dos portais, e retábulos[29] magníficos, resultantes de inspiração alicerçada em uma fé realmente profunda e sentida.

No entanto, além da grandiosidade que esses retábulos comunicavam aos altares, eles também possuíam uma função didática, já que, por meio da composição iconográfica, sempre representavam uma passagem da história sagrada ou da vida de algum santo. Todos refulgentes de muito ouro, se até hoje despertam assombro e causam impacto ao visitante que os conhece pela primeira vez, pode-se imaginar como seriam capazes de suscitar, naquela época, intenso fervor e profunda submissão dos fiéis às verdades religiosas.

E por que tanto ouro? Porque o ouro sempre foi considerado o metal mais precioso do mundo, pela inalterabilidade da cor, pelo brilho e resistência duradouros, símbolo do incorruptível, da pureza, da luz celestial; era o melhor que, da natureza, se poderia oferecer a Deus.

O fato é que a sociedade mexicana dessa época, de composição étnica bastante complexa, se uniria em torno da fé projetada pela arte barroca. Além disso o Concílio de Trento, em uma sessão especial realizada no ano de 1563, tomara decisões importantes em relação ao culto e à representação das imagens sagradas, que não deveriam ser veneradas por si mesmas, mas pelos atributos espirituais dos santos que simbolizavam. Também fortaleciam, não apenas a função didática da arte, como também a proibição da representação de figuras que poderiam ser consideradas provocantes, uma vez que, ao contrário de provocar, elas deveriam apenas e tão somente despertar a ideia de espiritualidade e a sensação do estado de beatitude. Era por isso que os pintores, considerados "predicadores mudos", não deveriam mais pintar nus, como acontecera no movimento artístico anterior, o Renascimento.

---

[29] A palavra "retábulo" vem do latim Retro + Tabula que significa "aquilo que está por detrás da mesa", ou seja, uma estrutura que se coloca atrás da mesa do altar com o objetivo de embelezá-lo.

Figura 4 – Templo de Santo Domingo, em Puebla, México

Fonte: foto de Percival Tirapeli – acervo pessoal

Figura 5 – Sagrario Metropolitano, na Cidade do México

Fonte: foto de Percival Tirapeli – acervo pessoal

Figura 6 – Templo de Santa Mônica, em Guadalajara, México

Fonte: foto de Percival Tirapeli – acervo pessoal

Figura 7 – Templo de Santa Maria de Tonantzintla, em Puebla, México

Fonte: foto de Percival Tirapeli – acervo pessoal

Figura 8 – Cúpula do templo de Santa Maria de Tonantzintla, em Puebla, México

Fonte: foto de Percival Tirapeli – acervo pessoal

De acordo com Vargaslugo,

> "El Concilio de Trento" – puso énfasis precisamente en el cometido ilustrativo del arte dedicado especialmente a la instrucción de: '... la ignorante plebe'. Así se explica el estricto control que la Iglesia ejercía sobre la expressión artística con la finalidad de que ésta mantuviera una calidad moral impecable y transmitiera a la heterogénea sociedad novohispana las lecciones de historia sagrada y los significados de las alegorías y símbolos religiosos. La íntima unión religión-arte produjo pues un potente elemento cohesivo, único lenguaje comprendido por todas las classes sociales de la Nueva España. Dicho de outra manera, qué tan honda no sería la profundidad con que se vivió la fe en la sociedad novohispana, que fue la fuerza que unió a tan heterogénea sociedad? La fe proyectada por el arte barroco, fue el único lenguaje consabido para todos: españoles, criollos, mestizos, indios y gente de color quebrado. Todos sintieron, todos admiraron, crearon y gozaron el arte barroco.[30]

---

[30] VARGASLUGO, 1993, p. 24.

Tal fenômeno, tão profundamente religioso da Nova Espanha, expressão da intensa espiritualidade de um povo, acabaria sendo o reflexo das divisões que a sociedade daquela época se impunha, em camadas sociais bastante definidas.[31]

Na imensa mescla étnica existente, se destacava a figura do "criollo",

> [...] promotor del sentimiento americanista que constituyó en la época virreinal la fuerza social determinante del processo histórico que culminaria com la mexicanidad. [...] el criollismo, un sentimiento vital y poderoso, se proyecta a través del arte y produce obras de singular significación.[32]

Assim,

> A pesar de la vigilancia que la Iglesia ejercía sobre el arte y de la inevitable vinculación del pensamiento criollo con la fe que profesaba, no hubo impedimento para que su creciente americanismo se expresara a socapa precisamente de los valores religiosos, pero imprimiendo una significación histórica transcendental en muchas de las creaciones artísticas.[33]

O que aconteceu, de fato, foi que a ideologia americana impregnaria de tal forma a expressão artística, que os temas religiosos acabaram sendo utilizados para projetar os interesses sociais do "criollismo":

> Este es un arte de valor histórico nacional, porque además de cumplir con su misión de arte transmisor de los mensajes moralizadores de la Iglesia, numerosas veces fue el lenguaje simbólico con el cual se expresaron sentimientos sociopolíticos fundamentales para la historia de México.[34]

No início, a execução do trabalho escultórico e pictórico das igrejas era privilégio concedido apenas aos artistas espanhóis, mas, com o passar

---

[31] Pode ser interessante, aqui, uma elucidação sobre a população mexicana dessa época, verdadeiro mundo multicolorido, constituído pelos:
conquistadores – espanhóis ou peninsulares;
"criollos" – filhos de espanhóis nascidos na América;
mestiços – filhos de espanhóis e índios (a maior parte da população, que era marginalizada, considerados inferiores até aos de "color quebrado", com raras exceções);
"castizos" – filhos de espanhol e mestiça, com maior porcentagem de sangue espanhol;
"de color quebrado" – os mais numerosos na sociedade, a maioria dedicada ao trabalho artesanal, resultado de variadas mesclas sanguíneas: filhos de negros com pardos, negros com mestiços, negros com índios.

[32] VARGASLUGO, 1993, in: "Presentación".

[33] Idem.

[34] Idem.

do tempo, também indígenas e mestiços – antes admitidos apenas como auxiliares – vieram a fazer o trabalho mais elaborado.

Graças a isso é que surgiriam pintores como Juan Correa, pardo, executor da maior parte das obras pictóricas da Catedral Metropolitana, ou Miguel Cabrera, indígena zapoteca, criativo, dono de uma personalidade que dominaria o seu tempo, conhecido como "O Divino Cabrera".

E Vargaslugo escreve:

> "Juan Correa inmortalizó" – en algunos de sus lienzos retratos de niños de color quebrado, dentro de composiciones com tema religioso. El ejemplo más notable es la imágen del Niño Dios, que aparece en el lienzo titulado Virgen del Apocalipsis. En esta obra, la sagrada imagen infantil se aleja completamente de la tradicional manera europea de representarla, invariablemente como un niño rubio y sonrosado. En su lugar se eleva a los cielos un cuerpecito de niño, recio y oscuro, de facciones romas y com evidente semejanza a un niño mulato. No queda duda acerca del empeño que tuvo el artista por integrar en el arte la presencia de la casta marginada a la que él pertenecía. No fue esta imagen del Niño Dios la única de este género pintada por Juan Correa; otras cabecitas de niños mulatos y un angelito negro se encuentran en otros de sus lienzos. Estas figuras son tan diferentes tipológicamente respecto de las figuras de los tradicionales angelitos de la pintura novohispana, que puede suponerse que los niños de color quebrado son retratos de los nietos del artista o de otros niños de esa casta. Este hecho singular, sin precedentes, tiene la importancia de haber sido un sutil intento de proyectar los anhelos de igualdad social a través del arte pictórico.[35]

Não se trata de um fato sem precedentes, mas a escritora mexicana, ao escrever esse texto, provavelmente não conhecia Aleijadinho, Mestre Athayde ou Padre Jesuíno.

Considera o barroco americano como expressão de arte que traduz, não apenas sentimentos mestiços, mas também desejos de projeção social de artistas que pertenciam a castas marginalizadas, de artistas que buscavam integrar, às suas obras, a presença da raça às quais pertenciam. E para ela a arte, adquirindo personalidade própria, passaria a ser a expressão de uma linguagem social.

---

[35] VARGASLUGO, 1993, p. 33, com reprodução da pintura à p. 34.

Miguel Cabrera, em uma de suas melhores obras – as pinturas da Paróquia de Santa Prisca, na cidade de Taxco, no México, em grande tela em que representa a Natividade –, simbolizou duas raças bastante distintas entre si, dando espaço às figuras do povo pois, entre os adoradores do Menino Jesus, veem-se pessoas de tez bem morena e traços fisionômicos em nada parecidos aos da Virgem, de São José, do Menino, ou dos anjos, presentes na tela e acordes com a tradição consagrada pela pintura europeia.

Outras obras deslumbrantes também ficaram como testemunhos da influência artística do povo nativo, como a Igreja de Santa Maria de Tonantzintla, em Puebla, no México, ou a fachada da Igreja de San Lorenzo de Potosi, na Bolívia, emblemáticas nas reminiscências incaicas e de outras culturas locais, seja nos temas decorativos escolhidos, seja nas fisionomias dos anjos. Apesar de serem obras que denotam intensa preocupação com a forma, por trás dessa mesma forma estão subentendidos os símbolos por meio dos quais os artistas buscavam expor emoções e ideias.

Na Igreja de Santa Maria de Tonantzintla, a temática se fundamenta no discurso mariano, tão próprio à cultura católica, mas Luisa Ruiz Moreno, no livro *Santa Maria de Tonantzintla. El relato en imagen*, busca explicar o universo de significações que considera estar implícito nessa criação artística com características bem especiais, pois os elementos decorativos (flores, frutas, enfeites e cores, além de muitos dos rostos) não são próprios aos templos católicos tradicionais já que, de tudo o que se vê, depreende-se fortíssima presença indígena.

É um templo em que "el universo de valores religiosos recoge elementos provenientes, a su vez, de dos sistemas culturales: el universo hispánico y el indígena."[36]

Nas colunas representativas das cariátides (colunas em forma de estátuas femininas que, ao que se sabe, teriam aparecido inicialmente na arquitetura grega) se veem, em corpos seminus, "rostros cuyos rasgos y tocados son indígenas. Los capiteles de estas columnas, en lugar de acantos, tienem cestos de nimbre repletos de flores y frutas regionales."[37] E no espaço que representa a coroação da Virgem, figuras de indígenas é que sustentam a coroa.

---

[36] MORENO, Luisa Ruiz. *Santa Maria de Tonantzintla. El relato en imagen*. Ciudad de México: Consejo Nacional para la Cultura y las Artes, 1993. p. 28.

[37] *Ibidem*, p. 46.

O capítulo 8, inteiro, ela o dedica às reflexões sobre o entrelaçamento das duas culturas, a europeia e a nativa. Embora considere que a ordenação angélica do templo siga a angeologia canônica, que para Santo Tomás de Aquino tem seu modelo na estrutura social de um reino cristão ocidental, nota-se considerável diferença entre os traços fisionômicos de Deus Pai, de Deus Filho, dos santos e dos anjos. Os primeiros estão representados conforme o cânone cristão católico da Europa ocidental, enquanto os anjos, embora na composição pictórica sejam representados da forma tradicional, "Son los rasgos y el gesto de los rostros los que remiten a outro mundo natural."[38] Um mundo alicerçado na cultura náhuatl, indígena local, entrelaçando-se aí, portanto, o elemento indígena mexicano e o cristão-europeu ocidental. E mais à frente reforça essa ideia dissipando qualquer suspeita que por acaso pudesse surgir, ao esclarecer que a diferença não acontece por causa do tipo de material utilizado, uma vez que todas as imagens foram feitas em gesso. Para ela a diferença ocorre, sim, por causa do significado ao qual as figuras remetem o observador.

Na cúpula da Igreja é evidente uma organização hierárquica que acaba por refletir a lógica existente dentro da cultura religiosa: no céu superior, sugerindo a ideia do celestial, anjos com características europeias; no céu inferior, transmitindo a de um plano terrestre, anjos mestiços, cujos modelos só podem ter sido os indígenas locais.

Luisa Ruiz Moreno julga que "toda la reflexión sobre los ángeles parte del mundo sensible con la seguridad de que esos seres sólo pueden ser pensados por los hombres a imagen y semejanza de si mismos", de acordo com as ideias expostas por São Tomás de Aquino, in "Tratado do governo do mundo", na obra Suma Teológica.

> Es decir que entre lo *angélico* y lo *humano* hay una diferencia de naturaleza, pero no de apariencia. Cuando los ángeles descienden al ámbito *humano*, los hombres se vem parecidos a ellos, lo cual puede confrontarse con innumerables pasajes bíblicos, relatos de santos, etcétera. De alli que si la estructura angélica es un simil de la sociedad humana y los ángeles son semejantes a los hombres, bien pueden los rostros de la cúpula de Tonantzintla tener como referente a lo *humano próximo*, esto es, a los indígenas locales.[39]

---

[38] *Ibidem*, p. 169.
[39] MORENO, 1993, p. 169-170.

E, mais adiante, às p. 171-172, reflete a autora, ainda pensando os anjos do céu inferior:

> Cómo darle forma a lo humano como rubio, si lo humano se vive como moreno? Quizás enmascarando lo moreno y de alli que en Tonantzintla aparezcan esas imágenes de rubiedad buscada por medio de una suerte de maquillaje en lo dorado del cabello, lo rojo de los labios y los lunares, que a simple vista resultan imperceptibles pero que se vuelven presentes a la mirada.[40]

Também curiosa é a observação de que no céu superior, onde a representação iconográfica dos anjos segue a forma tradicional, encontra-se enorme profusão de frutos tropicais locais: "papaya, coco, chile, chirimoya, mango, chayote, plátano, piña", enquanto no céu inferior há a representação de frutos dos dois mundos: além dos já citados, também se veem "granada, uva, manzana, ciruela."

E a autora conclui pela existência, nessa obra, de um sincretismo entre dois conceitos de céu (o de reino e o de paraíso), uma vez que o Reino dos Céus estaria definido por meio da hierarquia das ordens angélicas, e o Paraíso Reconquistado mediante a simbologia das flores e dos frutos, o paraíso terrestre, com suas delícias eternas.

Lezama Lima, considerado por Irlemar Chiampi um profundo conhecedor das coisas americanas, acredita que

> Depois do Renascimento a história da Espanha passou à América, e o barroco americano se alça com [...] primazia, [...]. A platibanda mexicana, a madeira boliviana, a pedra cusquenha, os cedros, as lâminas metálicas, alçavam a riqueza da natureza por sobre a riqueza monetária.[41]

A arte adquiriria então uma linguagem original e, por meio de nova forma, livremente criada, acabaria por mostrar a real face da nação, uma linguagem que eternizaria um momento histórico, o momento em que acontecera o registro de forte identidade cultural de um povo miscigenado.

A fachada da Igreja de San Lorenzo de Potosi, esculpida entre 1728 e 1744, e atribuída ao índio Kondori, é considerada como o maior exemplo da arte hispano-americana colonial no estilo andino-mestiço. Nela destacam-

---

[40] *Ibidem*, p. 171-172.
[41] LIMA, 1988, p. 101.

-se as indiátides, que são cariátides em figuras indígenas, bem como a da princesa incaica, que se avulta, plena de suntuosidade e desdenhoso poder.

Nome de certa forma lendário, Kondori, um artesão dedicado a entalhes em madeira, teria nascido na Bolívia e aproveitara sua habilidade artística, trabalhando também em pedra, tanto na fachada de San Lorenzo de Potosi como, possivelmente, em obras realizadas no Peru.

> "A grande façanha do barroco americano," diz Lezama Lima, "na verdade sequer igualada em nossos dias, é a do quíchua cusquenho Kondori, chamado de índio Kondori. Na voluntariosa massa pétrea das edificações da Companhia, no fluxo numeroso das súmulas barrocas, na grande tradição que vinha arrematar o barroco, o índio Kondori consegue inserir os símbolos incaicos do Sol e da Lua, de abstratas elaborações, de sereias incaicas, de grandes anjos cujos rostos de índios refletem a desolação da exploração mineira. Seus portais de pedra competem na proliferação e na qualidade com os melhores do barroco europeu. Tinha estudado com delicadeza e com alucinada continuidade as plantas, os animais, os instrumentos metálicos de sua raça, e estava convencido de que podiam fazer parte do cortejo dos símbolos barrocos no templo. Seus suportes de colunas ostentam numa poderosa abstração os sóis incaicos, cuja opulenta energia se derrama sobre uma sereia com queixoso rosto mitaio[42], ao mesmo tempo que tange uma guitarra da sua raça. O índio Kondori foi o primeiro que, nos domínios da forma, ganhou para si a igualdade com os europeus no trato de um estilo." Em sua obra igualam-se "a folha americana com a trifólia grega, a semilua incaica com os acantos dos capitéis coríntios, o som dos charangos, com os instrumentos dóricos e com as renascentistas violas de gamba. [...] o índio Kondori representa a rebelião incaica, rebelião que termina com uma espécie de pacto de igualdade, em que todos os elementos de sua raça e da sua cultura têm que ser admitidos".[43]

Realmente,

> El barroco fue arte religioso exaltado, rico, luminoso, piadoso, pero también fue un lenguaje político de una época vital para la consolidación del espíritu americanista; así pues

---

[42] Mitaio; índio que trabalhava na *mita* (do quichua: trabalho forçado que os índios faziam, por turnos, nas minas).
[43] LEZAMA, 1988, p. 103-104.

> debe admirársele no sólo por la belleza artística que tiene sino por lo que entraña de anhelos y de proyección social.[44]

Foi um momento do qual surgiriam no mundo artístico verdadeiras miragens em que os temas do encantamento e da sedução se transformariam, na realidade, em um jogo de que compactuavam criador da obra de arte e espectador que, extasiado, consciente ou inconscientemente prisioneiro da ilusão, se deixava enlevar por ela. Na sociedade tensionada e agônica do século XVII, impulsionada pela inacessibilidade do espiritual, se impusera a imagem de um mundo em que pairava acima de tudo o que era humano.

No entanto, apenas em torno de 1920 é que esse mesmo Barroco, incompreendido, desprestigiado e até marginalizado, visto durante quase dois séculos somente como uma excentricidade, acabaria por ser resgatado, pois no processo evolutivo dos movimentos artísticos e de suas formas, mereceria até certo destaque, gradativamente reconhecido como um momento especial da História da Arte no Ocidente e entendido como um dos aspectos de arte nacional, talvez até como o mais genuíno deles.

Tão grande foi o sentimento de religiosidade do povo nos séculos XVII e XVIII, que tal período acabaria por se caracterizar como o de maior desenvolvimento das esculturas devocionais em toda a história da arte cristã do ocidente.

O barroco brasileiro formou-se a partir de um modelo de imagens acentuadamente retóricas e de gestual eloquente, trazido para cá pelos colonizadores portugueses. Modelo próprio a um momento, que depois se definiria muito claramente, e com maiores evidências, em algumas regiões do território nacional, como de outra e original ruptura na arte, ruptura provocada pelo sentimento artístico de um novo povo, e nascido da mescla de todos os povos que para cá vieram, tenha ocorrido essa mescla entre si, ou com os povos que nessas terras se encontravam. Só o tempo testemunharia o resultado proveniente desse ambiente artístico aqui aportado, em um lugar onde se miscigenaria com um material humano tão diferente do europeu, do qual se originava.

As primeiras imagens religiosas chegariam ao Brasil, trazidas pelos colonizadores portugueses; mais tarde, outras seriam executadas na própria Colônia e, dessas, as únicas hoje conhecidas são as da Virgem com o Menino e a Nossa Senhora da Conceição, das matrizes de Itanhaém e de São Vicente, e um Santo Antonio, também da igreja de São Vicente, todas datadas do século XVI.

---

[44] VARGASLUGO, 1993, p. 7.

> Essas duas representações da Virgem, de proporções atarracadas, rostos roliços e panejamento colado ao corpo, já incorporam características do tipo mameluco local, podendo talvez ser consideradas como as primeiras imagens autenticamente 'nacionais' de nossa história.[45]

Em terras colonizadas desde o princípio sob o símbolo do catolicismo, natural que no século XVII surgissem, em toda a costa brasileira, as oficinas conventuais das várias ordens religiosas que aqui aportaram: dos franciscanos, dos carmelitas, dos beneditinos e dos jesuítas, cada uma tendo desenvolvido obras com características bem específicas.

Myriam Andrade Ribeiro de Oliveira escreve:

> "Parece fora de dúvida que as fundações beneditinas de São Paulo e Parnaíba funcionaram como centros irradiadores de uma escola seiscentista de imagens em barro cozido, conhecida como Imaginária Bandeirante. A esses centros, que sofreram de forma mais direta a influência do estilo pessoal de frei Agostinho de Jesus" – considerado o "maior imaginário do século XVII em todo o Brasil", isto é, aquele que faz imagens – "somam-se, nas três últimas décadas do século XVII, os de Itu e Sorocaba, com imagens de características um pouco diferentes, embora dentro do mesmo universo formal, cristalizado pelo isolamento da região nesses primeiros tempos. Entretanto, paralelamente a essa cristalização de formas estilísticas e tipos iconográficos, a evolução por mais de um século em circuito fechado favoreceu inegavelmente a criatividade dos barristas de São Paulo, que introduziram precocemente na imaginária religiosa brasileira valores expressivos e estéticos de cunho marcadamente regional, conferindo-lhe uma originalidade própria, aspecto que só se tornaria uma constante nas demais regiões a partir de meados do século XVIII."[46]

Já estaria se definindo aí o pioneirismo que Mário de Andrade atribuirá à arte paulista? Curiosa é a referência que a autora fez ao isolamento da região como causa dos novos valores estéticos expressivos de características regionais que, com o decorrer do tempo, se acentuariam decisivamente.

Diz Germain Bazin sobre a indigenização na arte:

---

[45] OLIVEIRA, Myriam Andrade Ribeiro de. *Arte Barroca* – Mostra do Redescobrimento. São Paulo: Fundação Bienal de São Paulo, 2000. p. 48.
[46] *Ibidem*, p. 50-51.

> No Brasil não encontramos esse fenômeno de indigenização que marca, por exemplo, o ultrabarroco mexicano ou boliviano, sem dúvida porque a reação do substrato não podia manifestar-se nessas terras, onde os portugueses só encontraram populações selvagens, num nível muito inferior de civilização.[47]

Entretanto, discordando desse juízo, a referida autora dedica um capítulo inteiro sobre a escultura missioneira do Rio Grande do Sul, falando sobre dois jesuítas austríacos, João Xavier Traer e Antônio Sepp Von Rechegg, que, nas missões, treinavam indígenas escultores, guaranis. Foram eles que, por meio da observação dos modelos europeus, acabaram por criar a maioria das *Esculturas Missioneiras*.

De acordo com testemunho do padre Sepp, tinham

> [...] olhos de lince [...] para a imitação. Não precisam absolutamente de mestre nenhum, nem de dirigente que lhes indique e os esclareça sobre as regras das proporções. Se lhes puseres nas mãos alguma figura ou desenho, verás daí a pouco executada uma obra de arte, como na Europa não pode haver igual...[48]

No entanto, embora muitas vezes de aparência bastante rústica, as obras produzidas por eles, ao contrário de serem cópias das europeias, mostram não apenas originalidade como também apresentam algumas características inconfundíveis, muito próprias a elas: certa ausência de detalhes, movimentos amplos, forma compacta, intensa força emocional, singular altivez.

No século XVIII, em decorrência do surgimento de trabalhos de artistas leigos, não ligados às oficinas conventuais, começou a aparecer na produção artística uma diferenciação regional mais evidente.

Vários podem ter sido os fatores históricos e econômicos determinantes dessa mudança, mas talvez os mais importantes tenham sido os conflitos surgidos entre os poderes religioso e civil, e a rapidez de mudança dos ciclos econômicos e até políticos, uma vez que, entrando em decadência determinada exploração econômica em uma certa região, passava-se à exploração de outro tipo de produto em outra que, a partir daí, acabava naturalmente

---

[47] BAZIN, 1993, p. 377.
[48] SEPP, S. J. Padre Antônio. *Viagem às missões jesuíticas e trabalhos apostólicos*. Belo Horizonte; São Paulo; Itatiaia: Edusp, 1980. p. 245-246.

se tornando então o centro de interesse, tanto da parte do país dominador da Colônia, como do povo que para ela afluía em busca de riqueza.

Em 1759, com a expulsão dos jesuítas do Brasil, todas as ordens religiosas que aqui haviam se estabelecido entraram em declínio, mas como a religiosidade do povo era bastante profunda e arraigada, mostrou-se impossível a vida sem vinculação profunda com a Igreja. Assim sendo, fundaram-se associações religiosas, desde as mais ricas e tradicionais como as Ordens do Carmo e de São Francisco de Assis, aristocráticas, com muito preconceito, elitizadas e às quais só podiam pertencer pessoas da raça branca, até as mais modestas, como as irmandades de pardos e as de negros, escravos ou não. Não importava a que tipo de classe social atendessem tais confrarias, irmandades ou ordens terceiras, todas elas possuíam uma característica em comum: a atuação ativa dentro da comunidade à qual pertenciam. Em cada diocese, cada confraria de padres buscava – e quase sempre conseguia – ter sua igreja própria e, como no século XVIII as Ordens Carmelita e Franciscana se mostravam rivais entre si, acabou por se estabelecer verdadeira competição arquitetônica religiosa.

Em razão de as ordens religiosas terem sido substituídas pelas associações religiosas, as oficinas conventuais foram sendo extintas e aí deu-se oportunidade ao aparecimento de uma categoria de artistas à qual se denominou de "oficiais mecânicos": os pintores, os escultores e os "imaginários".[49] De forma geral, os trabalhos dos escultores, muitos deles mestiços, eram feitos em pedra e metal, enquanto os imaginários esculpiam somente em madeira. O termo "estatuário" era atribuído apenas a escultores cujos trabalhos fossem considerados muito bons, e o oficial que fazia santos era o "santeiro".

Como a importância e o poder das várias regiões naquilo que até então se conhecia do território nacional oscilava, seria natural que acabassem por surgir diferentes escolas artísticas, todas elas com características barrocas, cada uma, de certa forma, se diferenciando das outras, em seus aspectos técnicos e formais mais específicos. Assim apareceriam a escola baiana, a de Pernambuco, a do Maranhão, a do Rio de Janeiro, a de Minas Gerais, todas nascidas em regiões que no século XVIII concentraram, em momentos diferentes, os poderes político e econômico da Colônia, o que acabaria por conduzir, como consequência, a um maior desenvolvimento artístico e cultural.

---

[49] Os escultores e os "imaginários" eram, na verdade, os entalhadores.

Considera Myriam Ribeiro que

> Salvador, que conservou os privilégios de centro do poder político e administrativo até a transferência da capital para o Rio de Janeiro, em 1763, foi um dos mais importantes pólos do barroco litorâneo. Pernambuco, que teve sua economia revigorada com a criação, pelo Marquês de Pombal, de uma companhia geral do comércio para a região, desenvolveu uma modalidade própria do rococó religioso, com manifestações abrangentes no campo da arquitetura, da talha e da pintura. Minas Gerais, que graças às explorações auríferas tornou-se na segunda metade do século o principal centro econômico e cultural do país, desenvolveu a mais requintada versão colonial do rococó religioso. O Rio de Janeiro, porto escoadouro do comércio com a capitania das Minas e capital dos vice-reis a partir de 1763, adaptou uma original síntese dos estilos rococó e 'pombalino'. E finalmente a região do Maranhão e Grão-Pará, diretamente subordinada a Lisboa até 1775 e servida por uma segunda companhia de comércio pombalina. As capitais São Luís e Belém também alcançaram grande prosperidade na segunda metade do setecentos, cujo reflexo mais interessante foram as construções do arquiteto italiano Antonio Landi na última cidade.[50]

Em 1554, com a instituição do primeiro bispado na Bahia, essa capitania acabaria sendo o primeiro centro administrativo religioso da Colônia. Só mais tarde, na segunda metade do século XVII, é que seriam criados os bispados de Pernambuco, do Maranhão e do Rio de Janeiro, e apenas no século XVIII os de Minas Gerais, do Pará e de São Paulo.

A arte barroca baiana apresenta características muito próprias, com figuras que mostram

> [...] o refinamento dos gestos e atitudes, a movimentação erudita dos panejamentos e a policromia de cores vivas com douramento vibrante, de efeito vistoso e atraente. Acrescente-se ainda a dramaticidade retórica das imagens do Crucificado e dos Cristos da Paixão, e a suavidade algo ingênua do rosto das imagens femininas, especialmente nas representações da Virgem Maria.[51]

Há imagens em que

---

[50] OLIVEIRA, 2000, p. 60.
[51] *Ibidem*, p. 61.

> [...] chamam a atenção a suavidade das expressões fisionômicas, com um quê de maneirismo adocicado, o requinte do panejamento, que cai em pregas naturais, e a gestualidade refinada, características básicas da escola baiana de imaginária [...]. Na segunda metade do século XVIII, esses aspectos são tratados com grande sensibilidade, com panejamentos fartos e movimentados, que no século XIX têm tratamento mais esquemático e vertical.[52]

A Bahia, como primeira e principal região onde tenha se centralizado o poder administrativo religioso da Colônia, apresenta a maior produção artística em quantidade, com obras comercializadas por toda a área brasileira então explorada, desde o século XVIII até o início do século XX. Só começaria a perder esse espaço quando surgiram as imagens de gesso industrializadas.

Quanto às imagens de Pernambuco, aproximam-se das baianas apenas no aspecto suntuoso da policromia:

> As imagens pernambucanas têm como características mais evidentes a compleição forte dos corpos, envoltos em panejamentos amplos e movimentados, com projeção lateral dos véus e mantos, geralmente em direções contrastantes. A policromia é de grande apuro técnico, incluindo na maioria dos casos douramento integral da peça, revelado através de um delicado trabalho de incisões em *esgrafiado*, com motivos geométricos ou florais em complexas composições ornamentais.
>
> As expressões fisionômicas são individualizadas e variadas, constituindo um elemento importante na identificação da oficina de origem da peça. As imagens de Goiana, por exemplo, podem ser reconhecidas pela fisionomia amatronada de suas Madonas, de faces largas e queixo duplo, ao passo que as de Olinda têm rostos mais delicados e ingênuos. As de Recife apresentam maior diversidade, variando de tipologia provavelmente inspiradas em peças portuguesas importadas, como em algumas imagens da igreja conventual e da Ordem Terceira do Carmo, até tipos caboclos locais. No Museu do Estado há uma curiosa *Santana Mestra* ensinando música à Virgem Menina, de olhos rasgados e carnação escura, que ilustra bem este último aspecto.[53]

---

[52] *Ibidem*, p. 62.
[53] *Ibidem*, p. 71.

Do Maranhão, pouco ainda se sabe, uma vez que apenas em 1978 é que se iniciou pesquisa sobre a sua escola. Foi quando se descobriu que esse estado possui um original acervo, acreditando-se que os jesuítas é que teriam iniciado a produção de imagens nessa região. Ainda de acordo com a historiadora de arte Myriam Ribeiro,

> [...] já em meados de setecentos a imaginária maranhense apresenta uma série de características próprias que identificam uma escola regional autônoma no cenário das outras escolas brasileiras do período. As mais evidentes são o *canon* baixo das esculturas, as proporções atarracadas e roliças, os rostos largos com olhos pequenos e queixo duplo e, acima de tudo, as amplas cabeleiras repartidas ao meio e caindo em cascatas de cachos sinuosos independentes, nas costas e nos ombros.
>
> Levantamos a hipótese de essas excepcionais cabeleiras, marca registrada da imaginária setecentista do Maranhão, terem tido inspiração original nas esculturas de marfim indo-portuguesas, especialmente as imagens femininas da Virgem Maria. [...] Uma curiosidade consiste no fato de as amplas cabeleiras 'maranhenses' não se restringirem às figuras femininas, podendo também caracterizar representações masculinas.[54]

Do Rio de Janeiro, onde há grande número de imagens portuguesas conservadas até hoje, sabe-se que no século XVIII era forte a presença de escultores portugueses ativos, com predominância dos artistas imaginários de Porto e de Braga. Por isso, se vê aí como característica a acentuada marca lusitana influenciada por essas regiões, em modelos de verdadeira "arte de corte", como a define Germain Bazin no livro *Arquitetura Religiosa Barroca no Brasil*.

Em Goiás encontraram-se obras de um único escultor, José Joaquim da Veiga Valle. De estudo bastante recente, são imagens de feições delicadas e de requintada policromia.

Quanto a Minas Gerais, pode-se considerar sua produção artística como um caso à parte porque, isolada das influências europeias, ao contrário do que sucedia com os outros centros políticos e econômicos da Colônia, seu produto mostrou-se específico, não tendo se prendido a modelos padronizados, a exemplo do que aconteceu na Bahia ou no Rio de Janeiro. Minas,

---
[54] *Ibidem*, p. 74.

como Goiás e Mato Grosso, não tem saída para o mar, encontrando-se, portanto, mais distante das influências oriundas da Europa; além disso, as terras das três capitanias foram conquistadas "graças ao espírito aventureiro dos paulistas bandeirantes", como diz Germain Bazin, à p. 27 do já citado livro. Considera os sertões de Cataguás, mais tarde Minas Gerais, a capitania mais civilizada do Brasil colonial no ano de 1750.

O barroco mineiro, recriado pelos artistas nativos, acabaria sendo o momento maior da expressão de uma arte brasileira que, mais ou menos por volta desse mesmo ano de 1750, começaria a se difundir. Originava-se então um novo movimento arquitetônico que produziu grandes nomes no mundo da arte, como os do Aleijadinho, de Mestre Ataíde, e de tantos outros.

Affonso Ávila julga que

> Aos fatores naturais próprios de um investimento de trabalho de alta rentabilidade, como a princípio seria a mineração nesse território central da colônia, adicionava-se o fenômeno civilizatório de um processo intensivo e extensivo de povoamento e urbanização que nenhuma outra capitania experimentara até então.[55]

Considera-se que a própria religiosidade dos primeiros habitantes de Minas Gerais teria sido diferente da religiosidade das regiões litorâneas, onde pregadores e missionários se empenhavam em processo de catequização e evangelização. Em Minas, ao contrário, o sentimento religioso teria surgido naturalmente e faria parte do cotidiano de cada um dos povoadores. Como era uma região praticamente isolada, com dificuldades de comunicação com as regiões litorâneas que recebiam as imagens religiosas produzidas em Portugal, a arte mineira acabaria por ser marcada pela originalidade, fruto de autores autodidatas que, à falta de informação acadêmica, criaram e inventaram soluções novas. De acordo com Myriam Ribeiro,

> [...] a precariedade dos meios de comunicação dificultava o fluxo de importações em larga escala de imagens portuguesas, a maioria das vilas e até mesmo arraiais de uma certa importância desenvolveram produção própria, comandada por santeiros locais que atendiam às necessidades imediatas da demanda.
>
> Estes condicionamentos específicos estão na base da extraordinária diversidade da imaginária mineira, na qual o ele-

---

[55] ÁVILA, 1994, p. 151.

mento surpresa é sempre uma característica marcante. Outros aspectos que a identificam comparativamente à de outras regiões brasileiras são a originalidade das peças, que não apresentam aspectos repetitivos, o caráter não-acadêmico, fruto do autodidatismo de seus autores, e a inventividade das soluções plásticas adotadas, em parte para compensar a falta de modelos ou informações precisas. As imagens mineiras são geralmente mais sóbrias que as dos centros litorâneos, e sua policromia e douramento mais discretos, com uma certa uniformidade nas cores e economia no uso de ornatos das padronagens. Nas feições transparece com freqüência uma certa ingenuidade, e os panejamentos nem sempre têm caimento lógico, apesar da movimentação barroca.[56]

Em 1786, a capitania líder de todas as manifestações artísticas da Colônia era Minas Gerais, tendo desempenhado papel de grande importância no cenário barroco nacional. Reforça essa ideia o texto de Affonso Ávila:

A busca de autonomia criativa tenderá, no entanto, a fazer-se acentuar na medida em que as formas se aclimatam e a sedimentação de uma nova consciência cósmica propicia a eclosão de uma concepção artística ou literária de alguma originalidade. As formas a princípio francamente barrocas caminharão, ao fim do século XVII, sob novas pressões, para as soluções formais de desinência barroquista – para a complementação caracterizadora de um ciclo formal maior a que podemos chamar o *grande barroco* – e, concomitantemente a isso, a inserção definitiva no incipiente projeto literário brasileiro dos substratos de permanência que nos ficariam da experiência inaugural. Porque se fundem, nas origens de nossa literatura, o impulso formativo da herança barroca e o modo intuidor que àquela altura começaria a denunciar uma vontade de fantasia própria.[57]

Ampliando-se o significado de "o incipiente projeto literário brasileiro" para "projeto artístico brasileiro", e de "se fundem nas origens de nossa literatura", para "nas origens de nossa arte", é possível tornar tais considerações mais abrangentes.

A sociedade mineira desse período surgiu e floresceu "sob o signo do barroco, vivendo-o nas inquietações místico-existenciais que prolongam a contra-reforma e expressando-o, concomitantemente, em estilo criativo

---
[56] OLIVEIRA, 2000, p. 65.
[57] ÁVILA, 1994, p. 43.

que não esconde as suas raízes formais e ideológicas." Nesse momento, ao qual Ávila denomina de "idade barroca mineira," encontra-se uma

> [...] "sociedade que se esbate contraditória entre o primado humano dos sentidos e o apelo sobrenatural da fé. [...] na verdade se transplantou, para as Minas do século XVIII, um estilo mais de civilização do que estritamente de arte, o qual, favorecido pelas condições geográficas da região, acabou cristalizando-se no seu insulamento e marcando fundamente a trajetória mental do povo das montanhas."[58] De tal forma isso é evidente para Affonso Ávila, que considera ter-se desenvolvido: "uma consciência ótica inerente ao fenômeno plástico montanhês."[59]

> "A luz, a cor, a paisagem, a topografia da região montanhosa atuaram preponderantemente sobre a sensibilidade do artista, de modo especial sobre o da segunda metade do século, já nascido na capitania e mestiço quase sempre, aguçando-lhe a propensão imaginativa, tornando mais dúctil a sua linguagem plástica, liberada enfim das formas pesadas do barroco jesuítico. É aí que se cristaliza, como essência da arte mineira, um modo de intuir já criativamente brasileiro, fenômeno análogo ao que Wölfflin denominou *fantasia nacional* ao distinguir diferentes manifestações do barroco europeu. A pujança criadora do artista mineiro afirmar-se-á então na sua plenitude, na concepção porventura mais sublime de seu gênio inventivo que reside em obras de absoluta pureza expressional ou de transparente ritmo plástico, a exemplo do conjunto de Congonhas ou da Igreja de São Francisco de Assis de Ouro Preto. Em Congonhas, surpreende não só o sentido unitário da criação plástica, mas igualmente a sua perfeita integração na paisagem natural, recurso de que soube usar com maestria o artista para prolongar aquele efeito de profundidade através do qual buscou o barroco acentuar a ilusão das massas em movimento. Essa adequação à singularidade paisagística já se fizera sentir no crescimento urbanístico de Ouro Prêto (sic), desdobrado entre a simultaneidade de planos e as perspectivas em diagonal, tessitura na qual deixamos de ver como fator único a mera improvisação ou pressão demográfica, para nela descobrir paralelamente, como motivação estética, a tendência barroquista do aleatório. Nisso se delineava, sob feição espontânea, o que mais tarde representaria, no projeto

---

[58] ÁVILA, 1994, vol. II, p. 46-47.
[59] *Ibidem*, p. 198.

de Congonhas, um elemento irracional, utilizado a partir de uma atitude consciente diante do fato estético, ou seja, a partir da consciência ótica que amadurecera com a própria cultura barroca montanhesa."[60]

Pensamento muito próximo aos de Mário de Andrade e de Paulo Prado a respeito da diferenciação existente entre a cultura artística de Minas Gerais e a de São Paulo, e as das outras regiões do Brasil, estabelecendo-se, de certa forma, uma ligação entre o que Affonso Ávila diz e a ideia do "caminho do mar", defendida por Paulo Prado em *Retrato do Brasil*.

Mário de Andrade, em momentos diferentes de sua vida e obra, insistiria bastante sobre a grande colaboração que os mestiços deram para o desenvolvimento da arte nacional. Também Germain Bazin aproximou-se no que diz, e muito, das ideias do escritor brasileiro, utilizando-se até da expressão "culpados da infâmia de mulatos", quando se referia a tais artistas. No entanto, curiosamente, em nenhum desses momentos nos quais citou o barroco mineiro, menciona o autor modernista, embora sempre estivesse se referindo às preciosas colaborações de Rodrigo Mello Franco de Andrade e de Luís Saia, ambos amigos muito próximos de Mário de Andrade. Será porque Mário de Andrade e Germain Bazin tinham conclusões diferentes sobre a causa do florescimento do barroco mineiro, já que explicam tal fato a partir de ângulos diversos?

O escritor modernista fixou-se somente na ideia da superioridade artística do pardo, enquanto Germain Bazin, embora reconhecesse o grande valor artístico da raça então emergente, ao final acaba por exaltar a importância civilizadora dos portugueses: "é notável observar que as realizações arquitetônicas desse mestiço são, ao contrário, as mais refinadas de toda arte portuguesa, o que confirma a importância da presença civilizadora deixada pelos portugueses nessas terras de Santa Cruz."[61]

Apenas quando discorre sobre a Capela na Fazenda Santo Antonio, no Município de São Roque, é que Germain Bazin se referiu ao barroco paulista, e aí, sim, a Mário de Andrade.

De todo o exposto percebe-se que a imaginária religiosa de tradição barroca apresentou um desenvolvimento bastante forte no Brasil do século XVIII.

Julga Myriam Ribeiro que

---

[60] *Ibidem*, p. 203-204.
[61] BAZIN, 1983, p. 378.

> Se fosse possível sintetizar em uma frase de efeito a impressão estética dominante produzida pelas imagens das escolas regionais setecentistas espalhadas por este imenso país, diríamos que as imagens baianas agradam de imediato, as mineiras surpreendem e fascinam, as pernambucanas deleitam pelo apuro técnico, as do Rio de Janeiro impressionam, mas mantêm o espectador à distância (como as portuguesas, com as quais têm uma identificação mais próxima), e as maranhenses comovem pela simplicidade expressiva. E que a fusão de todas compõe um mosaico ao mesmo tempo uno e diversificado, configurando um dos mais autênticos produtos da arte do país.
>
> O interesse das esculturas sacras ultrapassa entretanto o campo da história da arte propriamente dita, constituindo um testemunho eloqüente dos variados matizes da cultura brasileira, de raízes profundamente religiosas, e um de seus mais importantes referenciais imagéticos. Eruditas ou populares, em barro cozido ou madeira policromada e dourada, executadas por religiosos conventuais ou artistas leigos portugueses e autóctones, em todas as gamas da mescla racial refletida em suas variadas tipologias, elas foram onipresentes na cultura brasileira até princípios do século XX, e ainda sobrevivem com as mesmas funções nas áreas rurais e nas camadas populares dos grandes centros urbanos. O resgate de seu conhecimento implica portanto a restituição de uma parte significativa da memória do país. Ou da formação de sua própria IMAGEM.[62]

Plantara-se aí a raiz de uma arte verdadeiramente nacional, confundida com a alma brasileira, arte a partir da qual seria possível identificar um profundo sentimento coletivo, nascido dos sentimentos mestiços exteriorizados por meio de criações artísticas.

De acordo com Ávila,

> Trata-se do início de ruptura, que sob sua vigência então se opera, da unidade do espírito português, com a dimensão de tropicalidade que o homem já natural da colônia insere na sua maneira de apreensão do real e representação do mundo. Embora os substratos mais profundos da radicação étnica persistissem como condicionantes inarredáveis, na psicologia do ser brasileiro àquela altura em formação, seria inevitável que a adaptação, a aclimatação, a integração do

---

[62] OLIVEIRA, 2000, p. 75.

> colonizador e seus descendentes à nova realidade desencadeassem ordem original de reações capazes não só de influir no comportamento vivencial do indivíduo, ou na práxis de toda a embrionária sociedade, mas também de determinar na alma do homem luso-americano imposições de intuição, de imaginação, de concepção a que ele procuraria fatalmente dar a correspondente expressão. [...] A sensibilidade experimentaria agudamente a abismação das perspectivas e a surpresa permanente da paisagem e, quando tomada da primeira estesia criadora, tenderia, como no exemplo maior do Aleijadinho, não só a converter as noções de sua ambiência em fator de adensamento de sua arte, mas ainda a buscar na natureza bruta e imediata o material com que expressar-se. Todo esse decisivo condicionamento de um novo modo de sentir e de formar estaria, por seu turno, acrescido significativamente pelo *pathos* resultante do intenso processo de mestiçagem, constatação sobre a qual, aliás, se apóiam alguns estudiosos que, como Mário de Andrade, querem ver na mulatice de Antônio Francisco Lisboa uma das razões de sua exuberância e genealidade.[63]

Mais uma vez recorrendo-se às palavras de Lezama Lima:

> Assim como o índio Kondori representa a rebelião incaica, rebelião que termina com uma espécie de pacto de igualdade, em que todos os elementos de sua raça e da sua cultura têm que ser admitidos, já no Aleijadinho, que representa a rebelião artística dos negros, o triunfo é incontestável, posto que se opõe aos modos estilísticos da sua época, impondo-lhes os seus [...].[64]

Pode-se estabelecer curioso paralelo com Affonso Ávila:

> O barroco como estilo conseguiu já na América do século XVIII, o pacto de família do índio Kondori, e do triunfo prodigioso do Aleijadinho, que prepara já a rebelião do século seguinte e é a prova de que se está maduro para uma ruptura. Eis aí a prova mais decisiva, quando um esforçado da forma recebe um estilo de grande tradição e, longe de diminuí-lo, o devolve enriquecido, símbolo de que este país alcançou a sua forma na arte da cidade.[65]

---

[63] ÁVILA, 1994, p. 130-131.
[64] LIMA, 1988, p. 104.
[65] ÁVILA, 1994, p. 105.

II

MÁRIO DE ANDRADE: LÍDER DA RENOVAÇÃO MENTAL DO MOVIMENTO MODERNISTA EM SÃO PAULO

Tão importantes foram figura e atuação de Mário de Andrade ao seu tempo, que ele seria denominado de "o papa" do Modernismo.[66] Tratava-se da nova escola artística que despontava pouco a pouco e, de certa forma, timidamente, antes do ano de 1922, mas que, após fevereiro desse mesmo ano, com o evento da Semana de Arte Moderna, influenciaria os ambientes social e intelectual brasileiros.

No ano de 1917 aconteceu um fato importante na trajetória de trabalho do intelectual modernista: a publicação de *Há uma gota de sangue em cada poema*, seu livro de estreia, que, de acordo com palavras de Telê Porto Ancona Lopez, não demonstrava lirismo amoroso "como a maioria dos poetas do seu tempo".[67] No entanto, já se observava no autor a preocupação de compreender a época em que vivia

> "Sob êste aspecto, Mário de Andrade poderia ser considerado o primeiro modernista, pois [...] anula a introspecção e procura a poesia de participação". Já na introdução nota-se que o autor mantém "o sentido de ligação da arte com a realidade imediata, visando à participação e à reformulação dessa mesma realidade."[68]

Dois anos após, 1919, em sua primeira visita a Minas Gerais, conhece a produção artística do período barroco mineiro. Tal experiência mais tarde se apresentaria frutificada em reflexões sobre aquilo que considerava como sendo a autêntica arte brasileira, aquela produzida por manifestações barrocas do século XVIII e que ele passaria a acreditar ser o ponto de partida da produção artística nacional.

---

[66] ANDRADE, Mário de. *Entrevistas e Depoimentos*. Edição organizada por Telê Porto Ancona Lopez. São Paulo: T. A. Queiroz, Editor, 1983. p. 16.

[67] LOPEZ, Telê Porto Ancona. *Mário de Andrade*: Ramais e Caminhos. São Paulo: Livraria Duas Cidades, 1972. p. 29.

[68] *Ibidem*, p. 231.

E em 1920, já como integrante do grupo modernista de São Paulo, Mário de Andrade escreve ao grande amigo Rodrigo Mello Franco de Andrade: "Antonio Francisco Lisboa é o único artista brasileiro que eu considero genial, em toda a eficácia do termo."[69]

Em pouco tempo se tornaria "figura de primeiro plano"[70] e no ano seguinte, a 9 de janeiro de 1921, ocasião do lançamento do Movimento Modernista, dele participou. Também nesse ano escrevia o artigo "Curemos Pery", em que se explicitava a fórmula nacionalista que sempre abraçará: "atingir o povo brasileiro através da sua própria produção artística, levada para as esferas cultas."[71]

Era momento no qual se registravam inúmeras mudanças, uma delas, talvez das mais importantes, o fato de que se deixava de continuar considerando apenas a antiga Corte, a capital do Rio de Janeiro, como o único foco "disseminador" das orientações artísticas que o país devesse seguir, uma vez que tal foco passara a ser transferido para a provinciana capital do estado de São Paulo.

Por essa época, a "inteligência nova" da sociedade cultural brasileira, então se manifestando em São Paulo, em busca da renovação da arte, ensaiava caminhos novos, caminhos não só ainda não trilhados, como também considerados ousados e que, em muito pouco tempo, escandalizariam os mais conservadores, já que despertariam celeumas, artigos contundentes, querelas e discussões acirradas. No ambiente intelectual paulista, bem como no brasileiro, instalou-se verdadeiro clima de ataques contra aqueles que, participantes do "grupo", acabaram vítimas de atitudes preconceituosas e repressoras. No entanto, parece que os jovens intelectuais paulistas não se mostraram atemorizados com as repercussões que as ideias novas suscitavam na opinião pública, ou com as consequências pessoais que pudessem disso advir, e se deixavam ser conduzidos por experiências e direções que nada tinham a ver com o academicismo artístico e literário então preconizado. Pouco a pouco surgia, impactante, o Movimento Modernista, "que seria de

---

[69] ANDRADE, Mário de. *Cartas de trabalho* – Correspondência com Rodrigo Mello Franco de Andrade (1936 – 1945). Brasília: Ministério da Educação e Cultura – Secretaria do Patrimônio Histórico e Artístico Nacional – Fundação Nacional Pró-Memória, 1981. p. 28.
[70] ANDRADE, Mário de. Prefácio. *Padre Jesuíno do Monte Carmelo*. Edição de texto apurada por Maria Silvia Ianni Barsalini e Aline Nogueira Marques. Rio de Janeiro: Editora Nova Fronteira, 2012. p. 22.
[71] LOPEZ, 1972, p. 37.

renovação total, não raro violenta, dos princípios acadêmicos cristalizados no panorama cultural do país."[72]

Um dos seus principais objetivos era o de despertar, no ambiente intelectual, a inteligência crítica em relação a tudo o que fosse importado da Europa, a tudo o que viesse de lá como orientação de vanguardas preconizadoras de inúmeras, radicais e muitas vezes fugazes mudanças. Também o modernismo brasileiro se preocupava com modificações, frequentemente não menos radicais, mas seu caminho era outro, uma vez que buscava, de forma enfática, a recuperação do passado artístico e cultural da nação.

Não que esse movimento deixasse de se preocupar com a atualização da inteligência brasileira; ao contrário, o que se objetivava, na verdade, era uma reavaliação do conceito até então existente entre os intelectuais brasileiros sobre o que se entendia por cultura, incentivando-se a partir daí a observação de tudo o que o país tivesse produzido de seu e de original. E só porque intelectuais como Mário de Andrade tentaram, sem tréguas, eliminar do ambiente culto os preconceitos contra aquilo que, por ser "popular", era considerado como "ingênuo", "rude", "imperfeito", "pitoresco", é que toda a revolução artística se tornara viável. Só assim se perceberia o quanto aquilo que se aceitava como "culto" estava distante da verdadeira realidade do país.[73]

Tempos marcados por turbulência, revolta, e profundos desejos de, em um primeiro momento, destruir tudo o que consideravam como sendo o ranço do passado; tempos de experiências de busca do novo e do diferente, de criações ousadas; momentos nebulosos de provocações aos que defendiam a arte acadêmica do século XIX, e de agressões muitas vezes levadas até o campo pessoal.

Fruto de um desses momentos seriam o manifesto desvairista e os poemas de *Pauliceia desvairada*, como diz Telê Porto Ancona Lopez:

> Então, em 1921, percebe-se no que chamei de manifesto desvairista, isto é, o "Prefácio interessantíssimo" de *Pauliceia desvairada*, uma preocupação básica no escritor: renovar a Literatura Brasileira através da atualização estética e do despojamento das artificialidades da cultura européia do passado, aqui desenvolvidas pelas correntes literárias então vigentes. É preocupação que visa, sem paradoxos, a aprender a lição do modernismo europeu no tocante à tendência

---

[72] ANDRADE, 2012, p. 22.
[73] ANDRADE, 1981, p. 22.

geral de adesão às características do século XX e quebra das normas acadêmicas. Para tanto, seria preciso assimilar, adaptar, reformular a contribuição de contemporaneidade da Europa, do ponto de vista estético.[74]

Nesse livro Mário de Andrade inserirá documentos populares, o que já tornava evidente sua preocupação com a descoberta do povo, não apenas um de seus objetivos, como o objetivo também do movimento nessa fase. Para Marco Morel essa obra seria "um dos estopins da guinada do Movimento Modernista, contendo em suas páginas todas as peculiaridades desta renovação literária, sua radicalidade tanto nos temas quanto na expressão formal da linguagem."[75]

Figura de destaque na atribulada Semana de Arte Moderna, acontecida de 13 a 18 de fevereiro de 1922 na cidade de São Paulo, Mário de Andrade dela participou ativamente. Ele mesmo dirá em 1942, no balanço que fez sobre o Movimento Modernista:

> Fazem vinte anos que realizou-se, no Teatro Municipal de São Paulo, a Semana de Arte Moderna. É todo um passado agradável, que não ficou nada feio, mas que me assombra um pouco também. Como tive coragem para participar daquela batalha! É certo que com minhas experiências artísticas muito que venho escandalizando a intelectualidade do meu país, porém, expostas em livros e artigos, como que essas experiências não se realizam in anima nobile. Não estou de corpo presente, e isto abranda o choque da estupidez. Mas como tive coragem pra dizer versos diante duma vaia tão barulhenta que eu não escutava no palco o que Paulo Prado me gritava da primeira fila das poltronas? ... Como pude fazer uma conferência sobre artes plásticas, na escadaria do Teatro, cercado de anônimos que me caçoavam e ofendiam a valer?...

Confessava que dele mesmo é que não teria sido a coragem para se expor a tanto:

> O meu mérito de participante é mérito alheio: fui encorajado, fui enceguecido pelo entusiasmo dos outros. Apesar da confiança absolutamente firme que eu tinha na estética renovadora, mais que confiança, fé verdadeira, eu não teria

---
[74] LOPEZ, 1972, p. 75-76.
[75] ANDRADE, Mário de. *Cartas de Mário de Andrade a Álvaro Lins*. Estudos de Álvaro Lins. Apresentação de Ivan Cavalcanti Proença. Comentários de José César Borba e Marco Morel. Rio de Janeiro: Livraria José Olympio Editora, 1983. p. 43, nota 3.

forças nem físicas nem morais para arrostar aquela tempestade de achincalhes. E si aguentei o tranco, foi porque estava delirando. O entusiasmo dos outros me embebedava, não o meu. Por mim, teria cedido. Digo que teria cedido, mas apenas nessa apresentação espetacular que foi a Semana de Arte Moderna. Com ou sem ela, minha vida intelectual seria o que tem sido.[76]

O grupo de vanguarda, no início formado apenas por paulistas, buscava reformular os conceitos da arte nacional, e surgiu em São Paulo; só bem mais tarde e após a adesão dos intelectuais mineiros é que a intelectualidade do Rio de Janeiro se integraria a ele.

Ainda em 1922, nas "Enfibraturas do Ipiranga", poemas que apresentam com frequência elementos populares, Mário de Andrade mostraria sua proposta de renovação na arte brasileira. Com o passar do tempo, nos continuados e cuidadosos exames realizados sobre tudo o que encontrasse e identificasse como diversidade no cenário brasileiro, a tensão entre o popular e o culto seria constante expressão de seu trabalho e, em visão abrangente da realidade, sempre buscaria trazer à luz todo o popular que considerasse oportuno de ser conhecido.

Contestou a estética, destacou o primitivo. Na valorização da literatura popular, exteriorizava a preocupação em colocar, nas obras, o autorretrato do Brasil, sempre respeitando a composição popular tal como a encontrava, tanto do ponto de vista estrutural, como no da linguagem. Reconheceu o povo brasileiro e, por meio das obras populares, para ele ainda marcadas pela autenticidade, o compreendeu como primitivo. Enaltecendo a antiga tradição, enaltecia as raízes daquilo que considerava como verdadeiramente nacional.

De acordo com Rodrigo Mello Franco de Andrade nas já citadas *Cartas de Trabalho*, à p. 24, conseguia "patrializar" o português literário, pois seu discurso apresentava características próprias e pessoais, com brasileirismos, sintaxe especial e neologismos, em um retrato de sua maneira de ser, única e intransferível.

Desde o início se destacando dos demais participantes do grupo paulista, Mário de Andrade mostrava-se ousado e empenhado na nova batalha, apesar das inúmeras represálias preconceituosas que o atingiriam. Sem se atemorizar com críticas que pudessem desmerecer o trabalho que fazia,

---
[76] ANDRADE, 1974, p. 231-232.

deu a público não apenas criações artísticas consideradas originais, como também se empenhou em carregar a bandeira da luta para que as obras de arte brasileira apresentassem características próprias ao seu povo, características de tropicalidade. Em um viver revelador, a cada momento, de grande inquietude intelectual, mostrou-se incansável na busca de seus objetivos.

No ano de 1924 escreveu "O poeta come amendoim", poema que reforçava a opção pela arte-compromisso, deixando claro não apenas seu envolvimento com o tema da nacionalidade, como também a militância na difusão de tal ideia.

Ainda nesse mesmo ano, em carta a Manuel Bandeira, analisava a sua própria e conscientemente assumida função de revolucionário das artes e dizia:

> Meu destino não é ficar. Meu destino é lembrar que existem mais coisas que as vistas e ouvidas por todos. Se conseguir que se escreva brasileiro sem ser por isso caipira, mas sistematizando erros diários de conversação, idiotismos brasileiros e sobretudo psicologia brasileira, já cumpri o meu destino. O que me importa ser louvado em 1985? O que eu quero é viver minha vida e ser louvado por mim nas noites antes de dormir.[77]

A Carlos Drummond de Andrade, escrevia: "A minha vaidade hoje é de ser transitório. Estraçalho a minha obra. Escrevo língua imbecil, penso ingênuo, só pra chamar a atenção dos mais fortes do que eu pra êste monstro mole e indeciso ainda que é o Brasil."[78]

E a Sérgio Milliet, também no ano de 1924, assim se expressava:

> A perplexidade d'aí (Europa) não existe aqui porque um problema resolveu todas as hesitações. Problema atual. Problema de ser alguma coisa. E só se pode ser sendo nacional. Nós temos o problema atual, nacional, moralizante, humano de abrasileirar o Brasil. [...] O francês é cada vez mais francês, o russo cada vez mais russo. E é por isso que têm uma função no universo e interessam, humanamente falando. Nós só seremos universais o dia em que o coeficiente brasileiro nosso concorrer prá riqueza universal.[79]

---

[77] LOPEZ, 1972, p. 234.
[78] ANDRADE, Mário de. *71 cartas de Mário de Andrade* – coligidas e anotadas por Lygia Fernandes. Rio de Janeiro: Livraria São José, [s.d.], p. 71.
[79] ANDRADE, Mário de. *Cartas a Anita Malfatti* – (1921 – 1939). Edição organizada por Marta Rossetti Batista. São Paulo: Forense Universitária, 1989. p. 176, nota 120.

Pelo fato de que o grupo modernista buscava recuperar a arte e a cultura do passado é que surgiria a ideia da "caravana paulista" para Minas Gerais, organizada nesse mesmo 1924. Com o propósito de "descobrir o Brasil", na verdade ia mesmo era em busca de redescobrir, no domínio da arte, o popular, aquilo que, embora genuinamente brasileiro, não fora ainda buscado pelo ambiente erudito. E a intenção da geração modernista, na aproximação "popular/erudito", era também interligá-los nas criações de arte, dessa forma valorizando a cultura do passado nacional. A propósito disso, dirá Rodrigo Mello Franco de Andrade: "A reivindicação das representações de vanguarda e a recuperação do passado artístico do país são, portanto, simultâneas e coerentes na busca modernista de estabilização de uma consciência crítica nacional."[80]

Mário de Andrade, participante dessa "caravana", impressionara-se com as obras do Aleijadinho, dessa vez apreciadas e examinadas com interesses e objetivos mais determinados e específicos. De suas impressões surgiu o ensaio "O Aleijadinho e sua posição nacional", publicado no ano crucial de 1928, sobre esse até então quase ignorado artista.

Em 1925, no dia 12 de dezembro, em entrevista concedida ao jornal do Rio de Janeiro, *A Noite*, expressava seu julgamento sobre a literatura brasileira, dizendo que a considerava ótima, com grandes possibilidades de se sobressair, e muito. Negava-se a aceitar que o denominassem, como o entrevistador o fez, de "Papa do Futurismo". Do "– Modernismo, sim; do – Futurismo, não". E sobre a literatura brasileira, assim se expressaria:

> – Qualquer tentativa em que a gente se mete é uma espécie de exame, exame da força de quem faz e da fecundidade do que faz. Ora, de todas as tentativas de modernização artística do mundo, talvez a que achou melhor solução para si mesma foi a brasileira.
>
> [...] Toda tentativa de modernização implica a passadistização da coisa que a gente quer modernizar. [...] Como primeiro trata-se de destruir, os exageros até são úteis, porém depois carece construir, e aí é que são elas![81]

Complementou o que afirmava, com a ideia de que não bastava ficar passando de revolta em revolta, mas que era imprescindível, após um primeiro e sempre difícil momento de rebeldia e de rompimento com a tradição, criar e, criando, ser fecundo na criação.

---

[80] ANDRADE, 1981, p. 29.
[81] ANDRADE, 1983, p. 17.

> Ora o maior problema atual do Brasil consiste no acomodamento da nossa sensibilidade nacional com a realidade brasileira, realidade que não é só feita de ambiente físico e dos enxertos de civilização que grelam nele, porém comportando também a nossa função histórica para conosco e social para com a humanidade. Nós só seremos de deveras uma raça o dia em que nos tradicionalizarmos integralmente, e só seremos uma Nação quando enriquecermos a humanidade com um contingente original e nacional de cultura. O Modernismo brasileiro está ajudando a conquista desse dia. E muito, juro para você.
>
> [...] O modernista brasileiro vive, não revive. [...] E porque "vivemos", necessariamente estamos vivendo o Brasil que é nossa terra, família, presente e tradição. Isso é muito importante: sentir e viver o Brasil não só na sua realidade física mas na sua emotividade histórica também.

Mostrava-se seguro de que o país já poderia se orgulhar de possuir um bonito passado; faltava apenas a consciência dessa verdade.

> Nós já temos um passado guaçu e bonitão pesando em nossos gestos; o que carece é conquistar a consciência desse peso, sistematizá-lo, isto é, referi-lo ao presente. [...] Reviver também dá poesia, não nego, mas é cair num saudosismo bocó-de-mola, inútil e panema. Isso só se admite numa nação, isto é, numa entidade que já tem cultura e civilização própria. [...] Tradicionalizar o Brasil consistirá em viver-lhe a realidade atual com a nossa sensibilidade tal como é e não como a gente quer que ela seja, e referindo a esse presente nossos costumes, nosso destino e também nosso passado.

Incentivava a libertação de preconceitos: "Deixe a moçada se rir ou sofrer contanto que se liberte de certos preconceitos do século XIX."

E sobre o primitivismo, dizia: "[...] certa aparência de primitivismo do Modernismo brasileiro provém de que nós um dia resolvemos ter coragem da nossa ingenuidade. Ingenuidade que existe em todo mundo, note, porém de que tínhamos vergonha."[82]

Na tentativa de "tradicionalizar" o Brasil, buscava reverter o menosprezo por meio do qual o ambiente culto via o popular, considerando-o ingênuo, rude e imperfeito. Trabalhava para que o interesse pela realidade brasileira despertasse e para que a conciliação dessa tensão culto/popular

---

[82] *Ibidem*, p. 17-19.

fosse buscada. Enfim, para ele era preciso que o Brasil pudesse se tornar, efetivamente, o Brasil.

Em 1926, dedicando-se à coleta de documentos importantes para que seus objetivos pudessem ser atingidos (entre eles a composição de Macunaíma), começava a demonstrar preocupação em pesquisar o folclore de uma forma mais metódica.

No ano seguinte, em viagem de três meses através do norte do Brasil, navegaria "pelo Amazonas, até o Peru, pelo Madeira até a Bolívia por Marajó até dizer chega".

E, como diz Telê Porto Ancona Lopez, "a julgar-se pelos textos que dela resultaram," acabou sendo uma viagem

> [...] claramente marcada pela preocupação etnográfica, com Mário de Andrade procurando entender uma particularidade do Brasil através da observação da vida do povo. Ela teria também lhe mostrado a necessidade de pôr logo em prática seu velho projeto de visita ao Nordeste, realizando agora uma pesquisa mais sistemática em uma região que se oferecia tão rica em tradição musical popular.[83]

Pode-se avaliar a repercussão que sua atuação tinha em todo o território nacional pois, em Manaus, quando de uma entrevista feita com ele para o *Diário Oficial*, chamavam-no de: "líder do movimento modernista no Brasil", "festejado poeta", "artista magnífico da Pauliceia Desvairada", acrescentando-se ainda que ele, ao lado de Oswald de Andrade, vinha "realizando a renovação mental da nacionalidade".[84]

Tinha consciência do quanto diferente se mostrava em relação ao contexto de sua época já que, em 1928, em carta a Alceu de Amoroso Lima, desabafava: "Meu destino é mesmo fazer escândalo, meu Deus!"[85]

Em viagem realizada ao Nordeste, entre dezembro de 1928 e fevereiro de 1929, conseguiu, de forma mais organizada, dar sequência ao projeto de pesquisa do folclórico e do popular.

Os anos decorrentes entre 1924 e 1929, período ao qual ele mesmo denominou de "brasileirismo desesperado", fizeram parte de uma fase de formação que "já supunha o início da consciência crítica que o Movimento Modernista desenvolvia no Brasil. Assimilar significaria atualizar, pesquisar

---

[83] ANDRADE, Mário de. *O Turista Aprendiz*. 2. ed. São Paulo: Livraria Duas Cidades, 1983. p. 19.
[84] ANDRADE, 1983, p. 23-25.
[85] ANDRADE, 1974, p. 32.

as noções estéticas nascidas entre outros povos, em outras culturas."[86] Nisso, há muito da Antropofagia.

A influência estrangeira poderia ser aceita, mas aproveitada apenas se reformulada e tropicalizada. Isso se expressará mais tarde, em 1934, no artigo "Decadência da influência francesa no Brasil", quando Mário de Andrade dirá: "É sempre meio caminho andado para atingirmos o 'bom' nacional, com que possamos algum dia dar a nossa contribuição original à humanidade."[87]

Ele, que priorizava nos trabalhos a preocupação com o despertar de uma consciência crítica nacional, demonstrava acentuado interesse pelo passado artístico do povo brasileiro, tendo buscado no panorama colonial as expressões mais ousadas dos artistas nacionais, como seriam os casos do Aleijadinho, em 1924, e, em 1938, do Padre Jesuíno do Monte Carmelo.

Ainda de acordo com a pesquisadora supracitada, era visto, embora como escritor importante, também como "'o louco' que tanto sacudia a opinião pública",[88] mostrando-se sempre como alguém atuante, alguém que não apenas desejava, como também participava, ativa e criticamente, da realidade do seu tempo.

Era o líder, como o confirmará Drummond: "o exercício de escrever aos amigos, na sua condição de *correspondente contumaz* (em oposição aos bissextos), deu a Mário de Andrade o ensejo de (re) confirmar a sua liderança (e inquietação intelectual), de norte a sul do Brasil, de 1922 a 1945."[89]

Desde o início da carreira, na valorização constante da criação literária popular, acreditava que tal tipo de arte poderia contribuir para a literatura no campo erudito, chegando mesmo a fundir-se a ela. Do campo literário passaria ao da arte de forma geral, finalmente valorizando mais a popular do que a que as elites culturais produziam. Com o passar do tempo, o que no início fora a manifestação de uma decisão, acabou se transformando em um paciente sistema de pesquisa, ao qual dedicaria toda a sua obra, sempre em busca de um "objetivo esteticamente bem definido."[90]

---

[86] LOPEZ, 1972, p. 213.
[87] *Ibidem*, p. 214.
[88] ANDRADE, 1983, p. 2.
[89] ANDRADE, Carlos Drummond de. *J. B.* – Rio – 25.2.1982. In: ANDRADE, Mário de. *Correspondente contumaz* (Cartas a Pedro Nava) – 1925 / 1944. Edição preparada por Fernando da Rocha Peres. Rio de Janeiro: Editora Nova Fronteira, 1982. p. 11-12.
[90] LOPEZ, 1972, p. 75.

Desejava que a literatura brasileira se tornasse nacionalista, pois acreditava que só assim ela poderia chegar ao universalismo. Dessa forma, em um primeiro momento, o da autodescoberta por meio das criações populares, o nacionalismo poderia se firmar; em um outro, de forma indireta, e, após a fusão culto/popular, acreditava que ela atingiria também a fase universalista. No entanto, seria necessário que os intelectuais mostrassem bom senso, não agindo preconceituosamente e com intransigência quando não admitiam os erros do povo, pois para ele tais erros em nada empobreceriam a literatura culta. O nacionalismo se definiria, enfim, pela verdadeira união com a autêntica cultura nacional.

Assim se expressa a estudiosa de Mário de Andrade:

> Partindo do pressuposto que não pode haver cultura que não reflita as notas mais profundas da terra onde ocorre, Mário de Andrade inclina-se para a difusão da temática nacional vista de forma dinâmica, dentro de seu conceito de tradições móveis. Conforme revela em carta ao amigo Augusto Meyer, em 1928, reconhece no cerne a fôrça positiva das nacionalidades; ela é a temática nacional que apresenta os caracteres psicológicos, capazes de definir o povo.[91]

Defendia a ideia de que

> [...] o artista deve estar conscientemente ao lado da arte, o que não significaria em absoluto o isolamento da arte pura, ou posição formalista. [...] A libertação do moderno não se deve dar em têrmos de busca formal, mas de adequação da expressão à realidade, nos moldes primitivos.[92]

Já em 1924, escreveria a Sérgio Milliet:

> [...] nada de arte pela arte, pessimismo diletante, estilo requintado. A arte dos períodos primitivos é sempre arte interessada, religiosa num sentido geral. [...] É preciso uma arte ingênua, boba, virgem, que seja Deus, que seja Pátria, que seja família, etc, coisas da vida que preocupam.[93]

Para ele, a obra de arte configurava-se como sendo transitória, e a sua importância não deveria estar unicamente na beleza que pudesse expressar.

---

[91] *Ibidem*, p. 202.
[92] *Ibidem*, p. 232.
[93] ANDRADE, 1983, p. 176, nota 119.

A busca de reformulação estética seria tão importante quanto a da criação de uma cultura nacional, mesmo que isso acontecesse a longo prazo.

Para quem, como ele, valorizava tanto o sentido social da arte, ela deveria ser, sempre, e só, engajada. Então a arte pura, aquela que não se preocupasse com os interesses da vida, aquela que se tornava distante e de difícil compreensão, não deveria ser o objetivo do artista. Em 1931, na crônica "O castigo de ser", publicada no *Diário Nacional*, afirmava que "O importante, e justamente o que dá o sentido social da arte, é a vinculação do artista às necessidades de seu tempo, influindo nêle e alargando-o até um conceito de universalidade."[94]

Não demonstrava preocupação em como seu trabalho repercutiria no futuro, pois a ele bastava ter consciência de que estava "[...] expressando uma necessidade do presente, no campo da arte e da literatura."[95]

De um período experimental de construção e de ousadias impactantes, passaria para a prática do sentido social da arte, de uma arte comprometida com a criação da cultura brasileira. Conscientemente fez literatura de circunstância, pois seu desejo era o de agir no meio, o de provocar mudanças de atitudes e de pensamentos.

A Manuel Bandeira escreveria, em 1925:

> Você diz por exemplo que eu em vez de escrever brasileiro estou escrevendo paulista. Injustiça grave. Me tenho preocupado muito com não escrever paulista e é por isso que certos italianismos pitorescos que eu empregava antes por pândega, eu comecei a retirar eles todos da minha escrita de agora. Mais tarde vamos ver o que a gente pode aproveitar dêles. <u>Por enquanto, o problema é brasileiro e nacional</u>.[96]

O Modernismo se caracterizará, em sua primeira fase de 1922 a 1929, não apenas pela absorção de novas ideias, como também pela abertura às assimilações do que elas continham. Isso propiciava o aparecimento, em seus representantes, de forma consciente ou não, de contradições e conflitos, e Mário de Andrade, batalhador das ideias modernistas, sempre externaria "O desejo de conhecer o papel da arte em função do homem que se reconhece no mundo e na sociedade",[97] o que deflagraria nele inúmeros

---

[94] *Ibidem*, p. 238.
[95] *Ibidem*, p. 233.
[96] ANDRADE, Mário de. *Cartas a Manuel Bandeira* – Prefácio e notas de Manuel Bandeira. Rio de Janeiro: Ediouro, [s. d.], p. 67, grifo meu.
[97] ANDRADE, 1983, p. 1.

conflitos de consciência, conflitos esses que surgiriam e aconteceriam de acordo com as modificações que sua percepção crítica pudesse apresentar em diferentes momentos.

E continua Telê Porto Ancona Lopez, evidenciando a sua característica de um "buscar" incessante que o acompanharia desde a juventude: "Nas entrevistas, vemos um intelectual que é homem de seu tempo, nas implicações de maior alcance e nas de candente dificuldade. [...] acompanhamos o seu buscar."[98]

> "As entrevistas que Mário concedeu em diversas épocas de sua vida e os depoimentos pessoais que nos deixou, além de reiterar a figura do intelectual responsável, sempre preocupado com os destinos de seu país, permitem que se acompanhe de perto o desenvolvimento de seus planos e projetos ligados à sua produção de ficcionista e poeta ou de ensaísta. Podem revelar, na medida em que valem como a captação de momentos particulares, a força dos traços de sua personalidade, o extravasar de seus sentimentos,"[99] permeando uma literatura "[...] sempre tão intencional, [...]".[100]

Para ela, é já a partir de 1924/1925 que "passará a procurar entender – sempre com muito cuidado – a modernidade ligada à adequação, ou melhor, à nossa realidade." Mais tarde, em 1944,

> [...] quando é não mais o "papa" de um modernismo que o público confunde com futurismo festivo, mas o intelectual maduro e sólido, capaz de fazer revisões e balanços – lúcida e corajosamente – e disposto, como nunca, a viver seu compromisso com a História enquanto prática cotidiana, malgrado seus limites e suas aflições pessoais. [...] acompanhamos o seu buscar – muitas vezes tropeçando – de um caminho de maior coerência, caminho que não exclui para o público a análise que pode fazer de si próprio.[101]

A Augusto Meyer escreve, em 1928, esclarecendo que publicara *Paulicéia Desvairada*, não porque acreditasse ser um livro bom, mas para que, pelas discussões suscitadas, encorajasse os companheiros, ainda atemorizados com a opinião pública, a também publicarem suas obras que pareceriam então

---

[98] Ibidem, p. 2.
[99] Ibidem, p. 1.
[100] ANDRADE, Mário de. *Os filhos da Candinha*. São Paulo: Livraria Martins, 1943. p. 7.
[101] ANDRADE, 1983, p. 1-2.

discretamente moderadas, ao lado da sua, escandalosamente revolucionária por causa das tendências novas que trazia.

> Agora veja bem como meu destino se orientou. Escrevi Paulicéia e mostrei pros amigos. Gostaram. Nem podia deixar de ser assim diante da ebulição e do elogio em que vivíamos. Mas não tinha nenhuma intenção de publicar um livro dêsses porque ficava horrorizado com o escândalo que ia decerto causar. E causou de fato. Mas sucedeu que percebi a necessidade de publicação do livro. Percebi diante da hesitação dos outros do grupo em seguirem o caminho (por causa do mêdo) diante da necessidade pública do livro etc... Tudo conscientemente julgado, friamente. E publiquei. Tomei uma feição orientadora e abridora de caminho que me satisfez enormemente. Percebi uma coisa que em geral a gente não percebe bem: meu destino. [...] Não tem livro meu que não seja raciocinado friamente. Posso mesmo falar que não tem palavra em livro meu que não possua fôlha de julgamento. Sei porque faço assim e faço. Até certos erros que percebo nas minhas tentativas são erros conscientes, porque estamos carecendo dêles. Posso provar, já agora tenho amigos que recebem cartas (coisa que não tinha no tempo de Paulicéia) que si forcei a nota de linguagem brasileirista, forcei de propósito, sabendo que isso era forçado. Mas sabia também que isso irritava (melhor sistema de marcar) e chamava a atenção. Chamei ou não? Libertei ou não?

Embora deixasse claro que em nenhum momento admitia abrir mão de sua liberdade:

> Tôda a tentativa de abrasileiramento psicológico e necessàriamente temático, linguístico etc, etc., é consciente. Tive intenção de, e tenho. Falo francamente êste defeito técnico porque só tiro razões de felicidade dêle. Porque de fato sou um homem perfeitamente do mundo. [...] Sou perfeitamente indiferente no preferir um turco a um brasileiro etc. Por tudo isso é que expliquei no princípio desta que não tenho formação brasileira nenhuma a não ser aliás o ambiente psicológico de família que de fato importa muito.Portanto em tudo o que faço você bem vê tenho, até irritantemente, até odiosamente, intenção de fazer assim mesmo. Agora o que carece distinguir é que dentro dêsse molde de orientação que me dei, posso conservar minha liberdade e conservo de

fato. Chamo a atenção pra uma coisa porém não fico nela, vou prá diante.[102]

Em 1944 e na solidez do amadurecimento intelectual, publica o artigo "Fazer a História", esclarecendo esperar que um dia correspondências, jornais e outros documentos permitissem escrever a trajetória do Modernismo: "Tudo será posto a lume um dia, por alguém que se disponha a realmente fazer a História. E imediato, tanto correspondências como jornais e demais documentos não 'opinarão' como nós, mas provarão a verdade."[103]

---

[102] ANDRADE, Mário de. *Mário de Andrade escreve* – Cartas a Alceu Meyer e outros – coligidas e anotadas por Lygia Fernandes. Rio de Janeiro: Editora do Autor, 1968. p. 52-54.
[103] ANDRADE, 1989, p. 6.

III

AS REFERÊNCIAS AO BARROCO NA OBRA DE MÁRIO DE ANDRADE

Em minucioso e detalhado estudo de quase toda a obra informativa de Mário de Andrade, vale dizer sua extensíssima correspondência, as numerosas crônicas, reunidas em *Táxi e Crônicas no Diário Nacional*, as curiosas anotações de viagem publicadas em *O Turista Aprendiz*, bem como as reflexões tecidas em "A arte religiosa no Brasil", foi possível se fazer levantamento e registro de todos os momentos em que ele se preocupou com o estudo e a preservação de obras do período barroco brasileiro.

As ideias tecidas sobre a arte barroca nacional e que, com o passar do tempo, foram se mostrando verdadeiras preocupações norteadoras de toda a sua atuação no campo da preservação e da renovação artísticas, iniciaram-se em 1920 e perduraram até 1945. Nesse espaço de 25 anos, apenas oito se passaram sem que nenhuma referência fizesse sobre o barroco: trata-se dos anos de 1922, 1923, 1926, 1933, 1934, 1935, e dos terríveis 1939 e 1940, em que se sentiu, no Rio de Janeiro, como se estivesse vivendo, de fato, um cruel exílio dentro de sua própria pátria.

Começou a escrever sobre o barroco no texto "A arte religiosa no Brasil", expondo reflexões e comentários sobre esse momento e enfocando-o em três aspectos diferentes: primeiro, uma conferência realizada na Congregação da I. C. de Santa Efigênia, cujo tema era o Triunfo Eucarístico de 1733, outro, sobre a arte religiosa do Rio de Janeiro colonial, e o terceiro sobre a arte religiosa em Minas Gerais do século XVIII. Todos, publicados no mesmo ano de 1920, nos números 49, 50, 52 e 54 da *Revista do Brasil*.

Nos 49 e 50, discorreu detalhadamente sobre o Triunfo Eucarístico, uma suntuosíssima festividade em que se transportou o Santíssimo Sacramento da capela de Nossa Senhora do Rosário, em Ouro Preto, para a matriz nova dessa mesma cidade, acontecimento tão importante que, embora de fato apenas tivesse se realizado no dia 24 do mês de maio seguinte, já começaria a ser anunciado em fins de abril do ano de 1733. E a respeito do "mais esplendente cortejo que nunca se realisou nestas Americas,"[104] ponderou sobre como acreditava importantes as pompas das tão frequentes festividades religiosas no Brasil do século XVIII, festividades essas que, com o passar do tempo, acabaram por desaparecer por causa da dispersão das tradições nacionais. Refletiu sobre o papel fundamental que a Igreja, aliada à arte barroca, a arte do sensível, desempenhara no despertar da espiritualidade humana e, ao mesmo tempo, lamentava que isso tivesse se perdido, pois constatava, com tristeza, que ela "cada vez mais se afasta do convívio das artes."[105]

Considerava o conhecimento da arte como indispensável ao ser humano, pois só dessa maneira tal conhecimento poderia beneficiar o espírito, por meio da educação e da elevação; era por isso que exaltava a beleza fulgurante do Triunfo Eucarístico e se entristecia com tudo o que se perdera ao longo dos tempos, no domínio da arte.

Na sequência, fazia um arrazoado sobre a postura que a Igreja cristã tivera em relação à arte desde que dela, da Igreja, se tinha notícia. Partia de seus primórdios, quando se mostrara hostil às manifestações artísticas e chegava até o ano de 1914, momento em que ele esperava o nascimento de um novo movimento religioso. No entanto, não só isso não acontecera, como considerava que a arte cristã no Brasil acabara por se resumir apenas ao que fora produzido no passado século XVIII, período em que, na sua opinião, de fato a arte religiosa florescera com "estylo nacional"[106], "arte essa que se encontrava", dizia, ilhada em três centros: Bahia (e Pernambuco), Rio de Janeiro e Minas Gerais. Fundamentado nessa ideia é que escreveria:

> É um fóssil, necessitado ainda de classificação, de que pouca gente ouviu falar e ninguém se incommoda. No entanto ela existe – ou melhor, existiu [...] com alguns traços originaes, e é um thesouro abandonado onde os nossos artistas poderiam ir colher motivos de inspiração.[107]

No número 52 discorre sobre a arte colonial do Rio de Janeiro, uma arte que considerava de expressão menor, em uma sociedade mais pobre e menos culta que a baiana e que, para ele, jamais teria atingido a beleza ostentada em Salvador. Exaltou bastante algumas poucas obras arquitetô-

---

[104] ANDRADE, Mário de. A arte religiosa no Brasil. *Revista do Brasil*, v. 13, n. 49, p. 9, 1920.
[105] ANDRADE, 1920, p. 12.
[106] *Ibidem*, v. 13, n. 50, p. 97.
[107] *Ibidem*, p. 96, grifo meu.

nicas que considerava belas no Rio de Janeiro, e se referiu enfaticamente à obra de Mestre Valentim. No entanto, de certa forma ironizava o Rio de Janeiro, afirmando que: "a cidade alongava-se fina, no litoral, banhada pelo mais radioso dos sóes, na mais tediosa apathia. Nem siquer uma grande abastança incitava a eclosão calma duma arte."[108]

E a Gonzaga Duque, crítico de arte do século XIX, chamava de "romancista patrício de firme nomeada", acrescentando:

> É que o digno historiographo, levado talvez por um respeitável amor aos seus avós, quis formar da nossa situação artística, anterior à vinda de Lebreton e companheiros, um segundo plano escuro, à Rembrandt, para que nelle ressaltassem as figuras sympathicas de Grandjean de Montigny, de Taunay, de Debret.[109]

De acordo com sua opinião, no século XIX, nos meios cultos da Corte, não se considerava o barroco nacional como expressão artística digna de atenção, pois não se reconheceria como arte aquela que fora produzida antes de 1815, ano em que chegara a Missão Francesa ao Rio de Janeiro.

Finalmente, em um último artigo, publicado no número 54 da *Revista do Brasil*, exaltava entusiasticamente o barroco mineiro que conhecera no ano anterior, 1919, em uma viagem às cidades históricas:

> [...] o mirifico Eldorado de Pizzarro. [...] Foi nesse meio oscillante de inconstancias que se desenvolveu a mais característica arte religiosa do Brasil. A Igreja poude ahi, mais liberta das influencias de Portugal, proteger um estylo mais uniforme, mais original, que os que abrolhavam podados, áulicos, sem opinião própria, nos outros centros. Estes viviam de observar o jardim luso que a miragem do Atlantico lhes apresentava continuadamente aos olhos; em Minas, si me permittirdes o arrojo da expressão, o estylo barroco estilizou-se. [...] As igrejas [...] tomaram um caráter mais bem determinado e, poderíamos dizer, muito mais nacional.

E a arquitetura religiosa de Minas Gerais, a que fora criada no século XVIII, apresentava ainda uma inovação: até as fachadas e naves tinham agora o seu novo estilo, um verdadeiro estilo próprio, evidenciando o gosto pelas curvas e pelo inesperado da decoração

---

[108] *Ibidem*, v. 13, n. 52, p. 289.
[109] *Ibidem*, p. 291.

> Ora, na arquitectura religiosa de Minas a orientação barroca – que é o amor da linha curva, dos elementos contorcidos e inesperados – passa da decoração para o próprio plano do edifício. Ahi os elementos decorativos não residem só na decoração posterior, mas também no rísco e na projecção das fachadas, no perfil das columnas, na forma das naves.
>
> Com esse caracter assume a proporção dum verdadeiro estylo, equiparando-se, sob o ponto de vista histórico, ao egipcio, ao grego, ao gótico. E é para nos (sic) um motivo de orgulho bem fundado que isso se tenha dado no Brasil.[110]

Encantara-se com tudo o que vira e descobrira e, sobretudo, com as obras do Aleijadinho, a quem considerava genial (aliás, acrescentava que, no seu entender, era o único artista brasileiro de genialidade) e de quem, afirmava, só poderia sentir orgulho. Para ele, em Minas Gerais só havia existido um único artista, o Aleijadinho, e tão intensa fora a sua influência que: "Toda a Minas religiosa está tão impregnada da sua genialidade."[111]

Evidencia encantamento com a Igreja de São Francisco de Assis, em Ouro Preto, onde tudo que passara pelas mãos do Aleijadinho era perfeito: a planta, os dois púlpitos de pedra, a porta, a obra de talha, a esplêndida fonte da sacristia, "– o trabalho que mais me orgulha de toda a arte nacional. S. Francisco immortaliza o homem que a imaginou."[112]

Depois de toda essa exaltação à arte religiosa brasileira do século XVIII, entra em uma análise à qual intitulara de "Nossos Tempos". Tratava-se de um estudo amargo em que prestava contas da decadência em que a arte religiosa se encontrava. Ao invés de a Igreja buscar nas tradições artísticas, como acontecia na Europa, a continuidade de uma arte nacional, permitia que os elementos artísticos realmente nacionais aos poucos acabassem dispersados, o que resultaria no esquecimento deles. Substituía-se, pouco a pouco, tudo o que já havia existido, com a construção de novos templos em estilos estrangeiros bastante estranhos às características da arte religiosa nacional. Até mesmo esse "orgulhoso estado de S. Paulo"[113] diria, em uma preocupação excessiva de ser progressista e reformador, destruíra o que era antigo, tendo trocado quase todas as igrejas antigas por outras de

---

[110] *Ibidem*, v. 14, n. 54, p. 102-103.
[111] *Ibidem*, p. 106.
[112] *Ibidem*, p. 107.
[113] *Ibidem*, p. 109.

estilos novos que haviam resultado em um efeito aparentemente rico, mas, na verdade, de beleza pobre e falsa.

E se questionava: "E o nosso barroco?..."[114].

No entanto, dizia que não desejava finalizar o trabalho de uma forma pessimista. Embora reconhecesse o estrago que a arte religiosa fizera em algumas obras de valor nacional, esperava "por um melhor futuro! O tradicionalismo agita-se em nossa terra. Esta boa cidade de S. Paulo já possue artistas que procuram descobrir nas paginas de pedra das igrejas centenarias o credo dum novo estylo."[115]

E terminava exaltando o heroísmo dos Anchietas e dos católicos bandeirantes.

No ano de 1924, em carta dirigida a Prudente de Moraes, neto, datada do dia 16 de dezembro, discorria sobre a irritação que sentira ao ler *Estudos Brasileiros*, de Ronald de Carvalho, especialmente no capítulo em que o escritor tratava das artes plásticas, quando afirmara que os negros não tinham predisposição para elas. Ele, que já em 1920 considerara o Aleijadinho, um mestiço, como sendo o maior gênio da arte nacional, mostrava-se claramente irado com uma concepção errônea, de acordo com a sua forma de pensar.

Sobre o ano de 1925, ainda no livro que traz as cartas a Prudente de Moraes, neto, se encontra referência a uma entrevista concedida ao jornal *A Noite*, a 12 de dezembro, em que Mário de Andrade reconhecia o primitivismo do Aleijadinho.

No mesmo livro, em 1927, em carta datada de 4 de dezembro, tendo como ponto de referência o Triunfo Eucarístico, posicionava-se contra a tendência à europeização.

E ainda em 1927, no mês de janeiro, escrevendo a Carlos Drummond de Andrade: "Tenho um favor pra pedir pra você. Você vai fazer o impossível pra ver se me arranja aí um livro ou folheto sobre o 'Aleijadinho' dum fulano chamado Rodrigo José Ferreira Bretas, aparecido talvez por 1858."[116]

O ano seguinte, o de 1928, se mostrou fértil em referências ao barroco.

No dia 15 de outubro, ainda era ao amigo Drummond que solicitaria a obtenção de um número especial de *O Jornal*, em que se falava de Minas

---

[114] *Ibidem*, p. 109.
[115] *Ibidem*, p. 111.
[116] *A lição do amigo* – Cartas de Mário de Andrade a Carlos Drummond de Andrade. 2. ed. Rio de Janeiro: Editora Record, 1982. p. 103.

Gerais. Nesse momento escrevia estudo sobre o Aleijadinho, que pretendia publicar, por ocasião do bicentenário do artista, na forma de um livreto. Pedia a ele que fizesse mesmo o impossível para lhe arrumar todas as informações de que necessitava, discorrendo sobre quais eram elas e falando da urgência que tinha, pois "Pretendo fazer coisa boa, talvez mesmo tudo dê pro livrinho que escreverei no bicentenário do batuta."[117]

No dia 22 do mesmo mês de outubro, mais uma carta a Drummond. Nela solicitava novas informações e também que procurasse o Senhor Feu de Camargo, diretor do Arquivo Mineiro na cidade de Belo Horizonte, pois acreditava que ele poderia lhe esclarecer todas as dúvidas sobre o Aleijadinho. Entretanto, no ensaio escrito posteriormente, registraria dura crítica ao "opúsculo" sobre o artista mineiro, escrito pelo mesmo historiador, Senhor Feu de Carvalho, e só chegado às suas mãos depois que enviara os originais do texto à edição. É que Feu de Carvalho negava quase tudo o que até então havia sido atribuído ao Aleijadinho, sem provar quase nada do que afirmava, enquanto o intelectual modernista preferia posicionar-se na crença daquilo que a tradição registrara como sendo verdadeiro.

Em carta de quatro de novembro a Drummond, acusando o recebimento de tudo o que fora solicitado, dizia que por enquanto escrevia apenas um artigo, mas que em 1930, o que pretendia mesmo era fazer um "livreco" sobre Antonio Francisco Lisboa. E nesse mesmo ano de 1928, publicava o ensaio sobre o Aleijadinho.

Ainda em 1928, baseado em anotações datadas dos dias 10 e 12 de dezembro e realizadas durante as viagens ao Norte e ao Nordeste, descreveria o barroco do Convento de São Francisco, na cidade do Recife, e o da igreja Conceição dos Militares. Um, sóbrio e com azulejos magníficos; o outro, para ele excelente, apesar do luxo excessivo. Discorreria também sobre a Igreja do Carmo e a Madre de Deus.

Nesse mesmo ano, escreveu cartas a Manuel Bandeira, fazendo referências ao barroco. Já a cinco de janeiro, sabendo que Bandeira visitaria Minas Gerais, tece comentários sobre os locais que considerava de visita obrigatória: São José d'El Rei, Ouro Preto e Congonhas. Deveria priorizar as visitas às obras do Aleijadinho, admirando com especial atenção a fonte da Sacristia da São Francisco de Ouro Preto, para ele a obra-prima de escultura do artista mineiro.

No dia 31 de março, escreve:

---

[117] *Ibidem*, p. 131.

> Eu por mim tenho cada vez mais admiração por êle. Acho mesmo que é um verdadeiro gênio [...] É extraordinário. [...] Então a fonte da sacristia em Sào Francisco! Aquilo é mesmo a maior das maravilhas da escultura brasileira e se fôsse na Europa, não vê que o Aleijadinho havia de estar assim sem já um dilúvio de monografias sobre ele!
>
> [...] "Sem patriotismo: não tem nada de comparável nem com certas figuras dos Passos e Profetas, nem com essa fonte e o portal do Carmo de Ouro Preto."[118]

Em seguida, corrigia a afirmação que um dia fizera sobre o Aleijadinho, quando acreditava que jamais ele tivera algum aprendizado, pois agora sabia que o artista vivera em um ambiente de arquitetos, já que seu pai fora um deles, famoso em Minas, responsável pela construção de várias obras.

No ano de 1929 encontram-se referências ao barroco, em três livros: *O Turista Aprendiz*, *Táxi e Crônicas no Diário Nacional* e *Cartas a Manuel Bandeira*.

No primeiro deles, em anotações de viagem dos dias 19 e 22 de fevereiro, referia-se ao barroco de igrejas visitadas em Recife e na Bahia.

No segundo, datado do dia 8 de maio, teceu considerações sobre a ideia que certos estetas musicais sustentavam de que apenas a música pudesse expressar a sensibilidade humana em suas partes mais profundas, afirmando: "Haverá estado de sensibilidade mais profundo que o expresso por Gonçalves Dias no 'I Juca Pirama'? que o que permitiu ao Aleijadinho inventar a fonte de São Francisco?"[119]

A 10 de julho, escreveu uma crônica em que colocava o Aleijadinho no mesmo patamar de El Greco e de Cranach:

> O Greco, o Aleijadinho, Cranach, são muito mais difíceis da gente compreender porque os valores deles prescindem do realismo primário da inteligência e são plásticos ou expressionistas. E se a maioria dos semicultos aceita eles é porque segue a moda, segue a afirmação dos "doutos, custam muito dinheiro e a gente tem medo de parecer ignorante."[120]

À p. 143, apontava mais um erro cometido em artigo sobre o artista mineiro quando, querendo se referir a Caldas Barbosa, falara em Sousa Caldas.

---

[118] *Cartas de Mário de Andrade a Manuel Bandeira* – Prefácio e notas de Manuel Bandeira. Rio de Janeiro: Organização Simões Editôra, 1958. p. 191.

[119] ANDRADE, Mário de. *Táxi e Crônicas no Diário Nacional* – Estabelecimento de texto, introdução e notas de Telê Porto Ancona Lopez. São Paulo: Livraria Duas Cidades – Secretaria da Cultura, Ciência e Tecnologia, 1976. p. 99.

[120] *Ibidem*, p. 137.

A 8 de dezembro, em texto cujo tema era a ortografia, as vantagens decorrentes da possibilidade de errar e como o Modernismo permitia essa possibilidade, constatava que, no que dizia respeito à literatura brasileira, até que o Modernismo se instalasse, não se conhecera a possibilidade de se experimentar, diferentemente de outras artes. Citava o exemplo do Aleijadinho: "um experimentador, e fixador dum tipo nacional de igreja."[121]

E nas cartas a Manuel Bandeira, indignado, era sobre o livro de Feu de Carvalho a respeito do Aleijadinho que escrevia, pois o historiador negava a autoria atribuída ao artista em relação a muitas obras tidas até então, de acordo com a tradição, como sendo dele. Embora o considerasse de leitura obrigatória para os que se interessassem pela História, criticava-o bastante. E desabafava: "E o lavabo da sacristia do Carmo não é do nosso homem!... Parece incrível."[122]

No ano de 1930, a 30 de maio, encontra-se, em *A lição do amigo*, rapidíssima referência a respeito de um escrito sobre o Aleijadinho, para o *Diário Nacional*, e em *Táxi e Crônicas no Diário Nacional*, considerações mais extensas, em uma crônica cujo título é o nome do artista barroco mineiro.

Por essa ocasião, comemorava-se o bicentenário do nascimento dele, e a ideia que tivera de escrever um pequeno livro para essa data fora, evidentemente, alterada. No escrito, Mário de Andrade discorria sobre aquele que considerava como sendo, até aquele momento, o maior do Brasil, autor de obras impregnadas de genialidade ele, o artista plástico tão pouco conhecido e respeitado pelos brasileiros. Intrigado, se perguntava por qual motivo isso aconteceria e, no seu entender, seria porque até o momento nenhum estrangeiro havia que tivesse demonstrado admiração pelo artista, talvez porque se mostrasse muito primitivo em suas manifestações.

Em 1931, uma única referência datada de 11 de outubro, em carta a Carlos Drummond de Andrade: "É muito provável que vá até Minas, me deu essa vontade outro dia e de certo vou mesmo por uma semana, quando muito duas. Quero rever o Aleijadinho".[123]

Referia-se a uma viagem que não conseguiria realizar, pois só voltaria a Belo Horizonte 13 anos após.

A 12 de março do ano seguinte, ao mesmo amigo Drummond, novamente falaria da possibilidade de uma viagem a Minas, descartada porque lhe

---

[121] ANDRADE, 1976, p. 168.
[122] ANDRADE, 1958, p. 344.
[123] ANDRADE, 1982, p. 161.

faltava tempo necessário para fazê-la, pois para isso seriam indispensáveis pelo menos seis dias porque, afirmava, ir a Minas e não visitar Ouro Preto, Congonhas, Mariana e Belo Horizonte, isso não faria mesmo.

Em *Táxi e Crônicas no Diário Nacional*, a 17 de abril, discorrendo sobre a perseguição que tantos intelectuais estavam sofrendo no mundo todo, ainda outra vez se referiria ao Aleijadinho:

> E assim as nações burguesas solapam a sua própria razão-de-ser, quando seria muito mais, não direi fácil, mas pelo menos mais verdadeiro dentro da própria ideologia delas, não dar razão a essas paixões que as detestam, ou criar uma verdade mais legítima, que não carecesse de se esconder. Em vez, preferem estirpar a dor que sofrem, sem cuidar da cura das suas moléstias. Quando o Aleijadinho sentia num dedo a dor causada pela moléstia sofrida, pegava dos utensílios de toreuta, cortava o dedo. Assim procedem agora esses países na veloz derrocada do burguesismo que estamos presenciando. Se amputam de seus valores que lhes doem, em vez de convertê-los em valores eficazes para a perfeição delas. Prova pelo menos de que não tem mais ouro no mundo que pague ao intelectual o seu direito livre de ver. E, cortadas de seus dedos, braços e pernas, essas nações não poderão mais, muito breve, lutar contra a verdade nova que há-de vir.[124]

Quatro anos se passaram sem que fizesse qualquer referência ao barroco, e no ano de 1936, apenas uma se encontrará, a 5 de abril, quando escreveu a Murilo Miranda solicitando-lhe, com a máxima urgência, 20 exemplares de "O Aleijadinho", pedido reforçado a 18 do mesmo mês.[125]

Em 1937, em Carta a Paulo Duarte, no livro *Mário de Andrade por ele mesmo*, comentou a necessidade da preservação do patrimônio histórico e artístico paulista, no que dizia respeito às obras do período colonial.

Embora no ano de 1936 tivesse começado a escrever as tão numerosas *Cartas de Trabalho* dirigidas ao amigo e diretor do Serviço do Patrimônio Histórico e Artístico Nacional, Rodrigo Mello Franco de Andrade, apenas em 1937 foi que voltou a fazer referências ao barroco. Como funcionário, fora incumbido de realizar o levantamento de obras artísticas e históricas, cuja preservação considerasse importante, que se encontravam dentro da cidade de São Paulo ou em cidades mais ou menos próximas a ela.

---

[124] ANDRADE, 1976, p. 520.
[125] ANDRADE, Mário de. *Cartas a Murilo Miranda*. Rio de Janeiro: Editora Nova Fronteira, 1981. p. 26-27.

Assim, a 23 de maio informaria que considerava impossível descobrir em São Paulo obras de valor artístico, como tinham as mineiras, as baianas, as pernambucanas e as paraibanas; acreditava que tudo o que encontrasse poderia ter importância apenas no que dizia respeito ao valor histórico.

Entretanto, em 12 de junho, ao prestar contas de visitas que fizera a diferentes lugares, mostrava-se entusiasmado com o que vira: na cidade de São Roque, uma casa, "exemplar raro de solução arquitetônica colonial",[126] e a capela de São Roque, então, "um primor de originalidade."[127]

E assim foi que pouco a pouco enviava detalhes a respeito de obras que conhecera na capital, em São Miguel e redondezas, em Atibaia, em Bom Jesus dos Perdões, em Parnaíba, na Matriz de Itu, no Vale do Paraíba. A 28 de novembro, em relatório, informava que na cidade de Itu ficara deslumbrado com: "duas obras magistrais, o teto da Matriz e o teto da Carmo, esplêndidos, o primeiro como fatura principalmente e o segundo como estilo, dum barroquismo cheio de anjinhos, delicioso, apesar de."[128]

Em 1938, uma única referência ao barroco, em carta datada de 3 de dezembro e dirigida a Paulo Duarte. Pedia-lhe que informasse a José Mariano que não pudera enviar a documentação solicitada por ele porque fora demitido do cargo no Departamento de Cultura do Estado de São Paulo.

Haviam chegado os anos de grande sofrimento em sua vida. Pressionado pelas circunstâncias adversas que o envolveram, decidira se mudar para o Rio de Janeiro. Registrava-se momento de hiato nas pesquisas e preocupações com o que pudesse haver de importante do ponto de vista artístico e histórico no período colonial dentro do estado de São Paulo, pois apenas dois anos e meio depois, em 26 de junho de 1941 é que volta a expressar entusiasmo com o barroco, em carta a Paulo Duarte:

> Lhe escrevo hoje num dia bonito prá nós dois. É que vou principiar hoje uns estudos e pesquisas sôbre o nosso bom pintor colonial, frei Jesuíno do Monte Carmelo. Pretendo escrever sobre êle uma monografia – se o assunto der pra tanto – ou pelo menos um artigo sôbre tudo quanto se sabe a respeito dêle.[129]

---

[126] ANDRADE, 1981, p. 71.
[127] *Ibidem*, p. 71.
[128] *Ibidem*, p. 111.
[129] DUARTE, Paulo. *Mário de Andrade por ele mesmo*. 2. ed. São Paulo: Editora Hucitec, 1977. p. 199.

E poucos dias após, a 12 de julho, informaria a Murilo Miranda: "Estou assoberbado de trabalhos ingentes do Serviço do Patrimônio, e só a monografia sobre padre Jesuíno do Monte Carmelo está me consumindo."[130]

Em dezembro retomava a correspondência de trabalho a Rodrigo Mello Franco de Andrade, e ela se prolongaria até o início de 1945.

No dia três, em relatório informativo sobre as pesquisas que estavam sendo realizadas a respeito do Padre Jesuíno, na cidade de Itu e região, bem como em Mogi das Cruzes, nas duas Carmos, Primeira e Terceira, e na Matriz, expressava a opinião de que tais igrejas eram possuidoras de obras que considerava "pelo tamanho, originalidade e beleza, uma verdadeira descoberta desta Sexta Região."[131]

Nesse mesmo relatório propunha-se a estudar, concomitantemente à pesquisa sobre o Padre Jesuíno, os arquivos referentes às obras religiosas da 6.ª Região.

Tal era o entusiasmo pelo trabalho que se propusera a fazer que, em carta datada do mesmo dia três, escreve:

> Rodrigo, meu caro,
>
> aqui estou em Araraquara desde quinta-feira passada, onde vim, sob pretexto de pôr em ponto utilizável o que já sei sobre o "meu" padre Jesuíno.
>
> [...] Por mim, lhe confesso que ando bastante intoxicado pelo padre, que acho extraordinário como homem e como pintor.[132]

Planejava, em janeiro do ano seguinte, enviar cópia da primeira redação do texto em questão, o que, no entanto, não aconteceu.

O ano de 1942 se mostrou pródigo em referências ao novo trabalho, na correspondência a Moacir Werneck, a Paulo Duarte, a Francisco Mignone, a Murilo Miranda e a Rodrigo Mello Franco de Andrade.

Assim, no dia 6 de janeiro escreve a Moacir Werneck: "a monografia sobre o Padre Jesuíno, pintor, vai ficar bem-feita (sic)."[133]

---

[130] ANDRADE, 1981, p. 85.
[131] ANDRADE, 1981, p. 143-144.
[132] *Ibidem*, p. 145.
[133] CASTRO, Moacir Werneck de. *Exílio no Rio*. Rio de Janeiro: Editora Rocco, 1989. p. 187.

Em 25 do mesmo mês, dizia a Paulo Duarte que, no quarto número da *Revista do Sphan*, sairia um documento muito importante sobre a Igreja do Carmo de Santos:

> [...] uma carta do padre Jesuíno do Monte Carmelo, o pintor do teto dos Carmos paulistano e ituano.
>
> No momento estou escrevendo uma monografia sobre o padre Jesuíno. É uma figura interessantíssima como homem e como artista. Estou completamente apaixonado. Mas o trabalho que já foi enorme ainda vai ser imenso, tantas pesquisas ainda tenho a fazer. Mas me sinto com coragem pra.[134]

A 22 de agosto era a Francisco Mignone que escrevia: "Quero por isso dedicar todo o mês de setembro, dia e noite, a escrever a segunda e última parte da minha monografia sobre o pintor padre Jesuíno do Monte Carmelo. E fico livre!"[135]

E a 9 de dezembro, a Murilo Miranda, referia-se a uma pintura mineira do século XVIII que tinha no seu estúdio, embora não especificasse qual era.

Em 2 de janeiro desse ano, inicia remessa de relatórios a Rodrigo Mello Franco de Andrade, justificando o motivo pelo qual não conseguira terminar a redação da monografia, embora tivesse se dedicado, integralmente, e apenas a ela: mostravam-se infindáveis as dúvidas suscitadas e as novas pesquisas necessárias. Aproveitava a oportunidade para explicar sobre o plano de desenvolvimento que pretendia imprimir ao trabalho.

Logo em seguida, no dia 7 do mesmo mês, novo relatório, em que se queixava das dificuldades com as quais estava se defrontando nas pesquisas porque, tendo encontrado várias biografias sobre o Padre Jesuíno, acabara por se deparar com um sério problema: fatos idênticos apareciam de formas diferentes, com versões específicas a cada autor que deles tratava. E desabafava: "Que trabalheira penosa me está dando esse peralta do padre Jesuíno!"[136]

No dia 4 do mês seguinte, fevereiro, nova carta em que colocava todo o conflito que sentia desde que o Luiz Saia (seu auxiliar nos trabalhos), sem que ele soubesse, lera o que já estava pronto e expressara a opinião de que achava o escrito "anticientífico", literário demais e tendencioso, uma vez

---

[134] DUARTE, 1977, p. 217.
[135] ANDRADE, [s.d.], p. 105.
[136] ANDRADE, 1981, p. 147.

que ele havia se aprofundado apenas nos aspectos religioso e psicológico. Dizia que refletira bastante sobre tudo e que, apesar de reconhecer parte das críticas como sendo procedentes, decidira manter o texto como estava.

Logo em seguida, no dia 6, em relatório, dava notícias sobre o andamento do trabalho e explicava que ainda deveria se dedicar a novas pesquisas.

A 27, no mesmo fevereiro, novamente carta esclarecedora sobre a preocupação que vinha sentindo por causa da "literatice" do trabalho. Como estava a serviço de um órgão público, acreditava que o resultado deveria ser absolutamente e apenas científico e, além de tudo isso, atormentava-o a lentidão com que as pesquisas e a redação se desenvolviam, o que o colocava em verdadeiro estado de desespero, inquietação e abatimento.

Em relatório de 6 de março, falava do material fotográfico obtido, o que poderia favorecer enfoque mais técnico ao trabalho, bem como da necessidade urgente do tombamento das pinturas da Ordem Terceira do Carmo na cidade de São Paulo.

A 17, em carta, dizia que novos dados sobre o pintor haviam surgido, sobre o "meu terrível Padre Jesuíno. [...] o meu pintor."

A quem, "de tanto estudar e ver [...] acabei amando [...] e desconfio que estou treslendo um bocado. As coisas dele me arrebatam e preciso adquirir mais equilíbrio."[137]

Em relatório datado de 22 de abril, dizia que novas pesquisas estavam sendo efetuadas e que aguardava pela obtenção de documentos fotográficos necessários para continuar a elaboração do que escrevia.

A 6 de maio, novo relatório, dando conta de que os trabalhos da parte crítica da obra do Padre Jesuíno, mais uma vez, haviam sido interrompidos por causa da falta das fotografias. Falava de uma entrevista com a irmã Maria Inês da Silva, freira da Congregação de São José e contemporânea dos primeiros tempos do Colégio Patrocínio em Itu, anexo à Igreja do Patrocínio, a igreja inteiramente construída pelo Padre Jesuíno. Animava-o também a descoberta de um documento que considerava importante: a escritura de venda do terreno do Hospício do Carmo, em Itu, em torno de 1771, época em que Jesuíno aí chegara, vindo de Santos, documento esse que talvez pudesse lhe esclarecer pontos ainda obscuros.

Em junho, no dia 5, outro relatório em que expunha lamentações a respeito das dificuldades ainda encontradas. Não bastassem as decorrentes

---
[137] *Ibidem*, p. 153.

dos registros imprecisos que se faziam à época do padre, ainda a certeza que agora tinha de que, no Cartório do Primeiro Ofício da cidade de Itu, muitos documentos haviam sido, como ele dizia, "desaparecidos".

Sete de julho e mais um relatório em que a explanação das dificuldades continuava: faltava-lhe material, o que dificultava a finalização da pesquisa; também dava notícia de que algumas informações e documentos, considerados importantes, haviam sido descobertos.

Em 3 de agosto informava que no mês anterior, com o objetivo de tentar entender o surto artístico acontecido em Itu em finais do século XVIII e princípios do XIX, havia se dedicado à busca de documentação que pudesse lhe trazer informações sobre como teria sido a situação social da cidade nesse período. Referia-se a uma tese do professor Roger Bastide que dizia que os momentos de grande desenvolvimento nas artes não corresponderiam aos de grandeza político-econômica, mas seriam a eles posteriores, expressando sua discordância em relação a essa ideia como lei, mas achando-a esclarecedora como psicologia social. Estava satisfeito porque, graças à descoberta de dois documentos, conseguira saber quem fora o avô materno do padre Jesuíno, e a data da "devoção" de Nossa Senhora do Patrocínio. Concluía que, do ponto de vista histórico, o trabalho acabaria se resumindo em organizar em ordem documental tudo aquilo que autores antigos haviam afirmado.

No mês seguinte, no dia catorze, informava, em relatório, estar finalmente de posse de toda a documentação fotográfica de que necessitava sobre as obras do Padre Jesuíno, o que lhe proporcionara a observação de uma "evolução técnica e expressiva bastante coincidente com as reviravoltas de sua vida curiosa."[138]

Até mesmo se vira obrigado a rever posições e conclusões já tidas como definitivas, pois acreditava que a ordem religiosa que mais propiciara a expansão da pintura no século XIX fora a do Carmo, o que autorizaria a definição de uma pintura "carmelitana". Confessava-se: "disposto a dedicar grande parte do [...] trabalho dos meses futuros a estudar em detalhe, especialmente de desenho, todas estas pinturas carmelitanas da capitania paulista."[139]

---

[138] *Ibidem*, p. 160.
[139] *Ibidem*, p. 161.

Nos dois relatórios seguintes, o de outubro e o de novembro, não se referiria ao Padre Jesuíno, mas a um trabalho sobre folclore, que estava realizando.

No entanto, a 3 de dezembro escreveria: "Voltei às minhas pesquisas sobre o nosso ínclito padre."[140]

Descobrira muitas informações a respeito dos filhos e sobrinhos do artista, que haviam se mostrado tão criativos quanto ele próprio fora. Já no que dizia respeito à crítica de sua obra pictórica, encontrava enormes dificuldades, pois se mostrava um trabalho dificílimo e fatigante, com muitíssimos problemas a serem solucionados. Falava sobre os quadros da Matriz de Itu e expunha opinião a respeito de José Patrício da Silva Manso a quem considerava, naquele momento, mais como "colaborador dirigente" do Padre Jesuíno do que como professor. Acreditava então que o maior problema da obra do Padre Jesuíno estaria em descobrir se os quadros atribuídos a ele, no período da juventude, seriam realmente de sua autoria.

Não bastasse esse relatório, no mesmo dia escrevia uma carta-desabafo-pedido de socorro e conselho, já que no momento o afligia muito o seguinte problema: que pessoa verbal deveria usar na redação do texto? Primeira do singular ou terceira? Sentia-se extenuado com tantos estudos comparativos que fora obrigado a fazer de todos os quadros, e acrescentava: "O estudo da obra do Jesuíno, se não me deixar histérico, me deixa louco de último grau. [...] Estou completamente desvairado."[141]

E assim Mário de Andrade entraria no ano de 1943, com uma referência ao barroco, no 22 de janeiro, em carta dirigida a Murilo Miranda, e com relatórios de trabalhos enviados nos meses de janeiro, fevereiro, março, maio, junho e julho.

Dizia que, àquela altura, estava já considerando a monografia do Padre Jesuíno como praticamente terminada, mas confessava que pretendia ainda trabalhar por algum tempo nela. No entanto, na verdade, sabe-se que só a daria por concluída dois anos após.

Em relatório de 7 de janeiro, dúvidas e conflitos eram expostos, em desabafo: "Nada disto me atormentaria se fosse obra exclusivamente minha, mas o fato de estar trabalhando para um serviço público [...] está me tornando esta monografia uma verdadeira obsessão condenatória."[142]

---

[140] *Ibidem*, p. 164.
[141] *Ibidem*, p. 166.
[142] *Ibidem*, p. 167.

No primeiro dia de fevereiro, em carta ao amigo Rodrigo, contava: "o despertador me chamava às sete e sem outra coisa me jesuinizava até uma, duas da manhã; foi uma estupidez. Mas o homem é assustadoramente apaixonante, como você verá no relatório."[143]

Já no dia seguinte, 2, faria um bastante longo relatório informativo sobre a finalização do estudo a respeito da obra pictórica do Padre Jesuíno, e adiantava, já, entusiasmadas impressões:

> [...] cada vez me convenço mais de que, além do seu valor plástico incontestável, ela apresenta um valor psicológico talvez excepcional na história da pintura colonial brasileira. Que Jesuíno era um homem de vida interior interessantíssima, não é mais possível duvidar. O simples caso da criação do grupo dos chamados "Padres do Patrocínio" que chegou a provocar a denominação abstrusa dada a Itu, de "Port-Royal brasileira", já basta para mostrar o que era esse homem.
>
> No meu estudo da obra dele veio se firmando aos poucos em minha convicção o mulatismo revoltado do artista, um verdadeiro "complexo de inferioridade" convertido em afirmação orgulhosa do eu provado em várias manifestações curiosíssimas.
>
> Entre estas manifestações está, por exemplo o caso delicioso dele ter pintado um anjo mulato no teto da capela-mor da Carmo ituana. Quando descobri isso, pedi a confirmação de várias pessoas para o que ainda considerava uma apenas presunção minha. Mas a confirmaram entre outros Luiz Saia e a pintora Tarsila do Amaral.

Expressava sua opinião a respeito da "vingança" inconsciente que o leigo Jesuíno Francisco manifestara:

> Devotíssimo da Senhora do Carmo desde menino, obcecado pela devoção carmelitana durante quase toda a sua vida, era realmente estranho que Jesuíno não fosse terceiro carmelitano e se tenha, ao entrar para a vida religiosa, preferido padre secular e não regular carmelitano ou mais facilmente irmão leigo. Mas os Terceiros Carmelitanos sempre foram a nata das duas nobrezas de sangue e de dinheiro na Capitania. Jesuíno se vinga disso e disfarçadamente entre quase cinco dezenas de anjos que pintou no céu carmelitano de Itu, intromete um

---

[143] *Ibidem*, p. 168.

> mulatinho, como protesto contra a lei tácita que o proibia de entrar na ordem da sua Senhora preferida.

Reforçando as conclusões, via-se diante de outras evidências: um santo mestiço e as características de "africanismos" nas fisionomias masculinas.

> Assim, nesse mesmo céu carmelitano de Itu, um dos santos pontífices consagrados, se de tez disfarçadamente arianíssima, não deixa de ser, como tipo, bel et bien um mulato velho. Isto pra não dizer com mais franqueza um negro velho, desses que foram "escravo (sic) do meu avô" muito do nosso conhecimento.
>
> Além desse mulato velho santificado pelo artista, são freqüentes os 'africanismos' escapados a ele, no traçar as suas fisionomias masculinas ou os anjinhos de corpo inteiro. Caso curioso: nas santas, não; não aparece nenhum 'africanismo'... biotipológico. Dir-se-ia que na contingência de pintar a mulher, um impedimento qualquer o fazia esquecer de sua mestiçagem. [...] Mas devo nunca me esquecer que talvez eu esteja conhecendo 'demais' o meu biografado...

E tudo isso o havia conduzido a

> [...] um descobrimento novo, muito gracioso. É que entre as várias dezenas de anjos desse céu ituano, uma carinha Jesuíno repetiu integralmente no medalhão do Sr. Jesus de Praga que pintou para essa mesma Carmo de Itu.
>
> Ora com esta verificação, o problema do retrato, da reprodução de uma pessoa viva e apreciada se impunha às minhas pesquisas. E foi ela que me levou a descobrir na tão dramática fase final da obra do artista, a existência de um retrato incontestável. E um retrato de família, que poderá muito bem ser um auto-retrato!
>
> [...] pelo que se conhece até agora da arte religiosa brasileira, como psicologia social, estas descobertas tornam o "caso" Jesuíno de um interesse enorme. E não é humildade nem mesmo vontade de elogiar, de que não estais precisado, reconhecer lealmente que nunca eu teria feito os estudos que realizei, não fosse a vossa intuição e determinação.[144]

---

[144] *Ibidem*, p. 169-171.

A 12 de março, em outro relatório, esclarecia que, apesar de os museus e os arquivos paulistas serem paupérrimos no que dizia respeito à documentação artística, pouco a pouco conseguia enriquecer os fichários que organizava. No entanto, ainda permaneciam dúvidas a respeito de certas obras, dúvidas essas que considerava como sendo dificilmente solucionáveis.

Dois meses depois, no dia 1.º de maio, novo relatório referente ao trabalho desenvolvido no período anterior. Acabara de descobrir que o Padre Jesuíno estivera em Goiás, no ano de 1806, o que lhe causara bastante espanto. E concluía, desalentado:

> [...] descobertas como esta, [...] me levam à convicção de que, dados os conhecimentos ainda tão deficientes que possuímos da documentação colonial, trabalhos de natureza crítica particularizada a um indivíduo ou monumento só podem sair muito imperfeitos. Está claro que não tenho a menor pretensão de fazer obra definitiva, mas a cada passo em que, em vez de me adiantar, tropeço, o que me assombra é o peso traidor de tudo quanto eu não sei.[145]

Já no relatório seguinte, o de 12 do mês de junho, mostrava-se bastante satisfeito porque, graças a um documento do Cartório do 1.º Ofício de Itu, documento esse que se apresentava absolutamente ilegível, mas que felizmente fora restaurado pelo Departamento de Cultura, afinal pudera ter a certeza de que no ano de 1781 o jovem Jesuíno Francisco, com apenas 17 anos de idade, já morava naquela cidade.

A 3 de julho, falava de todas as pesquisas realizadas no mês anterior e dizia ter iniciado a redação final do texto sobre "A Obra", na monografia que estava escrevendo. Esperava dar por terminada essa incumbência até o final do ano e informava que, com os estudos iniciados nos arquivos da Ordem Terceira do Carmo, na cidade de São Paulo, seria possível que ainda fossem descobertos novos dados sobre o Padre Jesuíno.

Quanto ao resto do ano, nenhuma outra referência ao trabalho. Em termos de saúde, fora um ano muito difícil para Mário de Andrade, pois chegara mesmo a escrever a amigos dizendo que para ele o ano de 1943 não contara; era como se não tivesse existido, tantos problemas tivera que suportar; sentia-se velho e desanimado.

---

[145] *Ibidem*, p. 173.

Entretanto, após esse difícil 1943, já no dia 2 de janeiro de 1944, em carta ao amigo Rodrigo, novamente retornaria ao antigo entusiasmo e à alegria de viver:

> Duas palavras apenas pois tenho a felicidade de novo de exclamar que "estou ocupadíssimo!", é uma delícia.
>
> [...] Estou num idílio com a Inteligência que você não imagina. [...]
>
> De modos que o primeiro gesto da minha libertação foi me meter no mato cipoento das obras do nosso Jesuíno, é uma coisa louca.[146]

Dava contas de que o período da vida do padre, de mais difícil esclarecimento, era o da juventude, uma vez que não dispunha de documentos que comprovassem a sua autoria em relação a certas obras. Por causa da descoberta sobre a importância que Itu tivera no período colonial, surgiam novos pesquisadores, e preocupava-o a possibilidade de que algum outro se antecipasse a ele e publicasse informações importantes em algum artigo, o que tiraria ao Sphan a prioridade da descoberta, pois o trabalho que fazia sobre o padre se estenderia ainda por algum tempo. Aflito, solicitava conselhos sobre isso.

No dia 8 do mesmo mês de janeiro, novamente escreveria, ainda preocupado, contando das dificuldades encontradas na elaboração do texto:

> São dezesseis horas e agora paro, não agüento mais. Cheguei na página 8 da datilografia da quarta versão (nalgumas coisas quinta!) do estudo dos doze quadros de Jesuíno na Matriz de Itu.
>
> Agora enfim parece que vai bem. Abandonei tudo. Ontem tive tamanho acesso de desespero, fiquei horroroso e era meia-noite, fiquei com vontade de tocar fogo no SPHAN, no Jesuíno, a coisa não ia, e no entanto era já segunda orientação e terceira versão. Bebi um copo de leite bem frio e fui dormir. Mas só vendo que dia tinha passado com aquele pavor engrossando dentro de mim de que a coisa não prestava. Não é que não prestasse exatamente, mas, você verá depois, era coisa abusivamente individualista, e audaciosamente interpretativa pra o SPHAN encampar e publicar em livro.[147]

---

[146] *Ibidem*, p. 176.
[147] *Ibidem*, p. 177.

Mais uma vez em janeiro, no dia 27, se referiria às dificuldades que os quadros da Matriz apresentavam para a elaboração final do trabalho.

No 28, em carta a Moacir Werneck, falava da revista *Atlântico*, que havia publicado um trecho do seu ensaio sobre o Aleijadinho, sem que qualquer solicitação de autorização ou referência a pagamento pela autoria tivesse sido encaminhada a ele, o que o deixara indignado.

No mês de março, dia 2, nova carta desalentadora ao amigo Rodrigo:

> Meu caro Rodrigo
>
> Lhe escrevo desolado. [...] Eu estou desorientado [...].
>
> [...] E agora estou tonteado, não consigo ter a menor opinião mais legítima sobre que eu fiz e de todos os escutas do meu ser me segredam que assim a coisa não vai.
>
> Confesso que estou com ódio das doze telas da matriz que deram nessa desorientação de agora.
>
> Ânimo, meu velho, e não tenha medo de me ferir.[148]

Referia-se à parte já redigida da "Obra", mostrando-se disposto a desprezar tudo o que já fizera e a recomeçar o que havia escrito.

No entanto, no 16 do mesmo mês de março, em carta-relatório, mostraria que desistia do pedido expresso anteriormente a respeito da leitura do que escrevera sobre as obras da Matriz, e informava que não apenas havia concluído o texto sobre a Igreja do Carmo de Itu, como também já iniciara a redação sobre a obra paulistana do padre. Nesse momento, preferia que tudo fosse lido e criticado depois, quando inteiramente pronto, e confessava que a paixão pelo trabalho o envolvia de tal forma que às vezes precisava estar muito atento para não

> [...] ultrapassar as verdades.
>
> Essas reviravoltas e indecisões, não repare, são naturais na paixão em que estou de que o meu trabalho saia bom [...].
>
> Desconfio que eu não nasci pra trabalhos como este, a "invenção" trabalha demais.
>
> [...] nasci pra ultrapassar as verdades.[149]

---

[148] *Ibidem*, p. 179.
[149] *Ibidem*, p. 180.

A 2 de junho, escrevia a Paulo Duarte:

> O estudo sôbre o Padre Jesuíno do Monte Carmelo, adiantei um pouco, mas isso é trabalho profissional, e assim mesmo parei êle faz mais de dois mêses, por outras coisas urgentes e não minhas, [...]. [...] e vou escrever meu padre Jesuíno que deve estar pronto pra dezembro, último prazo que me dei.[150]

Novamente nas cartas de trabalho, anteriores à do dia 4 de agosto, falava de outros assuntos que não o do Padre Jesuíno, e apenas nesse mês é que voltaria a se referir a ele, em prestação de contas de como o trabalho se desenrolava naquele momento, após ter sido obrigado, por causa de imposições externas, a dar uma pausa na redação.

Acabara de terminar o texto sobre as Carmos paulistanas e iniciaria

> [...] a etapa final, desagradável historicamente (ausência de documentos) quanto à igreja do Patrocínio, mas agradável e a mais apaixonante quanto à crítica, provando, mas provando escandalosamente, sem contestação, a curiosidade absolutamente excepcional de Jesuíno em nossa vida artística do passado, o drama da sua vida mística refletindo na obra, o complexo de cor do mulato, as suas vinganças de homem marginal, as suas revoltas, e a sua vaidade de genealogista, retratando os filhos e talvez ele em figuras de santos.[151]

Estabelecera um prazo para terminar o trabalho: dezembro desse ano de 1944, com um "ultimatum" – ou terminava, ou se demitiria do Sphan. Prometia que nos primeiros dias de janeiro do ano seguinte entregaria o texto pronto e em redação final.

No mês de agosto, dia 11, era a Murilo Miranda que escrevia, dizendo da necessidade de terminar até dezembro, no máximo, o estudo sobre o Padre Jesuíno.

Ainda era ao amigo Murilo que, a 9 de dezembro, reforçaria a ideia de que precisava terminar nesse mesmo ano a monografia.

E no mesmo 9 de dezembro, a Alceu de Amoroso Lima escreveria, em tom de desabafo: "Estou fazendo tôda a fôrça pra terminar justo o meu maior esfôrço em crítica de artes plásticas, a deliciosa e importante vida e obra do padre Jesuíno do Monte Carmelo."[152]

---

[150] DUARTE, 1977, p. 276-277.
[151] ANDRADE, 1981, p. 183.
[152] ANDRADE, 1968, p. 37.

No dia seguinte, 10, voltaria ao assunto que o obcecava nos últimos tempos, ainda com Murilo Miranda: "Hoje, domingo, são doze horas, me acordei às sete, não tomei banho, não fiz barba, nada. Só trabalhei no Jesuíno pra deslindar uma nota só, e acrescentar uma frase."[153]

A 19 do mesmo mês, lhe telegrafaria: "Acabei hoje redação Jesuíno."[154]

E no dia 20, em última carta do ano ao diretor do Sphan, escrevia que terminara a redação completa do trabalho. No entanto, apesar disso, reconhecia como indispensável uma releitura do todo, a fim de dar unidade ao texto, pois só assim seria possível eliminar trechos repetitivos.

Em 24 de dezembro escrevia a Guilherme Figueiredo e, discorrendo sobre o que seria publicado no próximo ano, referia-se ao "meu Jesuíno do Monte Carmelo".[155]

Em finais desse mesmo mês, a 29, era a Moacir Werneck: "estou manietado, enfurnado no Jesuíno do Monte Carmelo acabado e em arranjos (complicadíssimos) pra edição, que tenho que ter pronto até [...] o dia 31 p. f. sem falta."[156]

O ano de 1945 se iniciaria com a entrega do texto pronto ao diretor do Sphan, em cumprimento de promessa que fizera a si mesmo e que, em um primeiro momento, seria o motivo da euforia que o incitava a escrever a Guilherme Figueiredo: "O Jesuíno tem de ser guardado inédito pro S. (sic) do Patrimônio. Acabei êle, ihiii – pô – pôôô!"[157]

No entanto, apesar de terminado e entregue, nem por isso o trabalho, resultado de suas pesquisas e a que sempre denominara de monografia, deixaria de atormentá-lo, pois, no 10 de fevereiro, era ao sempre amigo Rodrigo que escreveria uma última carta. Nela, tratava de vários assuntos e, em um deles, confessava enorme incômodo: era o desejo de dedicar o livro a ele, Rodrigo. Havia ensaiado, e demais, lhe falar sobre isso, mas de tal forma se sentira encabulado que não tivera coragem de lhe dizer pessoalmente, havendo optado por fazê-lo por meio de carta. Esperava sinceramente que, assim, expressaria toda a amizade que sentia por ele, embora fosse mediante um gesto tão simples.

---

[153] ANDRADE, 1981, p. 177.
[154] *Ibidem*, p. 179.
[155] ANDRADE, Mário de. A lição do Guru – Cartas a Guilherme Figueiredo – (1937 – 1945). Rio de Janeiro: Civilização Brasileira, 1989. p. 142.
[156] CASTRO, 1989, p. 228.
[157] ANDRADE, 1989, p. 145.

Após tratar de outros fatos, mais agradáveis, anunciava sua decisão de rever ainda uma vez o texto entregue:

> Desque você partiu levando o "meu" Jesuíno, me bateu uma consciência pavorosa de fracasso, de medo, de, enfim, de consciência na batata. A parte crítica não: estou mais ou menos bem sossegadinho, porque melhor não posso fazer. Só mesmo com conselhos de escolhidos, de você, do Lúcio, eu posso anuir a consertos, e melhorar ou corrigir meu pensamento. A parte da biografia é que me atenaza, preciso reler, modificar. É preciso. Tive, com a fuga do livro pra aí, o que quer dizer que embora ainda não publicada, a obra principiou vivendo por si, sem minha autorização nem condescendência, tive a noção exata de que, se o tom ficção está certo pro caso, me deixei levar às vezes pra uma, como dizer, pra uma liberdosidade, uma licenciosidade literária, uma imodéstia no tratamento do tom. Sobretudo naquele refrão de Jesuíno tomar consciência de seu mulatismo, olhando na frente a mão mulata dele, pintando, tocando nos órgãos. É ter feito disso um refrão que tornou licenciosa a análise psicológica. Eu só podia fazer disso um refrão, se tratando de biografia histórica, se tivesse apoio bibliográfico. [...] O caso da mão não tem esse apoio. Pode surgir, poderá, uma vez só, e então se justificaria literariamente, apoiado no marginalismo incontestável do homem, e apoiado na realidade do homem, por fatalidade profissional, pintor, tocador de órgão, ser obrigado a todo instante a estar enxergando a mão. Mas só. Vou no Rio em fins deste ou princípios de março. Levarei a bibliografia, os três desenhos que faltam, e combinaremos definitivo. Então quero modestizar mais a parte da vida, um pouco só, quase que apenas tirando o refrão da mão.[158]

Assim, a 10 de fevereiro de 1945, encerravam-se as referências que, durante tantos anos, fizera ao barroco.

Seu objetivo fora o de resgatar esse momento artístico, possibilitando a preservação das obras dele resultantes; pretendera, em um primeiro instante, torná-las conhecidas e admiradas, tendo sonhado posteriormente com a possibilidade de conseguir criar, na intelectualidade brasileira, a consciência de que também o Brasil possuía a sua própria tradição artística, também ela digna de orgulho, e de muito orgulho.

---

[158] ANDRADE, 1981, p. 187.

Não se preocupara apenas em fazer um levantamento dos bens artísticos e culturais de São Paulo, mas visitara o circuito histórico de Minas Gerais, o intrigante Nordeste com tradições folclóricas tão enraizadas, e até os muito mais distantes Amazonas e Pará, a tal ponto desconhecidos que a cada dia se renovavam as surpresas da viagem, registradas em apontamentos dos quais se originaria o livro O *Turista Aprendiz*.

Escritor de notória versatilidade, se é verdade que ao se percorrer sua obra percebe-se que, frequentemente, os caminhos se viam determinados pelas intenções do momento em que escrevia, também se pode concluir, ao finalizar este capítulo, graças aos testemunhos das cartas, das crônicas, dos ensaios e artigos, que sua preocupação com o barroco foi quase que uma constante em toda a sua vida.

Como diz Paulo Duarte, se as cartas: "fazem o retrato psicológico e intelectual de Mário e do Brasil do seu tempo"[159] ou, de acordo com o que afirma Antonio Cândido, se: "A correspondência e os diários são os únicos documentos autênticos para a construção de uma biografia ou uma época",[160] pode-se concluir da grande e real importância do barroco na vida e na obra daquele que, para Paulo Duarte, foi "o grande renovador", "um dos intelectuais mais impolutos que o Brasil teve."[161]

---

[159] DUARTE, 1977, p. 10.
[160] *Ibidem*, p. 11.
[161] *Ibidem*, p. 285, 142.

IV

SINTOMAS DE IDENTIDADE NACIONAL NAS OBRAS DO ALEIJADINHO

Minas Gerais guarda obras de pelo menos 15 imaginários e santeiros, todos responsáveis por uma criação artística colonial barroca mineira bastante específica, e diferenciada do barroco das outras regiões do país. Dentre eles, as obras do Aleijadinho, filho do importante arquiteto da época, Manoel Francisco Lisboa, não apenas apresentam características muito próprias, bem como teriam influenciado de forma decisiva os escultores de sua geração e os que surgiram depois dele, pois, embora houvesse discípulos e seguidores imediatos, escultores com estilo próprio e definido, quase todos acabaram mostrando certa familiaridade com elas.

O encontro de Mário de Andrade com o barroco mineiro despertou nele percepções originais e diferentes de tudo o que se pensava até então como nacional. A respeito disso, encontra-se em Rodrigo Mello Franco de Andrade:

> É nessa mesma viagem que Mário tem um contacto profundo com a obra do Aleijadinho, sobre a qual escreveria mais tarde um ensaio extraordinário (1928), inserindo Antonio Francisco Lisboa numa perspectiva histórica de ótica novíssima e essencial para a compreensão dos fenômenos nativistas.

Nesse trecho, o autor ressaltou dois momentos que para ele pareciam de grande importância: a idade que Mário de Andrade tinha quando afirmava isso, uma vez que o considerava muito jovem ainda, e o período em que fizera tal declaração, pois então "o barroco era visto como bizarria, aqui como no exterior, sem foro de maior legitimidade na história da arte."[162]

Já em 1920, portanto apenas um ano após a viagem de 1919 é que o intelectual modernista escreverá, referindo-se ao Aleijadinho: "Se em São Francisco deixou a sua obra mais perfeita, em Congonhas do Campo

---

[162] ANDRADE, 1981, p. 28.

está a obra mais grandiosa. [...] Congonhas do Campo é o maior museu de escultura que existe no Brasil."[163]

Tudo o que lhe fora despertado depois dessa experiência seria sedimentado, e de forma bem mais profunda, quando, em 1924, voltaria a Minas Gerais, dessa vez na histórica "descoberta do Brasil", com roteiros de visitas e pesquisas bem definidos: as cidades mineiras surgidas do ciclo do ouro.

Assim, se evidenciava a preocupação que já então demonstrava, de buscar nas tradições do país aquilo que elas pudessem apresentar de grandioso. Considerava o Aleijadinho, um pardo, como verdadeira expressão artística nacional, o artista que conseguira produzir arte à sua própria forma, autêntica e ousada, libertando-se de regras e de imposições europeias, e impregnando suas obras de características especiais.

Para ele estaria aí, sim, a comprovação de que brotara de um povo mestiço, autenticamente brasileiro, uma forma de arte grandiosa, também ela autenticamente brasileira que, tendo se originado das raízes da formação artística desse povo, refletiria, em uma possível demonstração do que seria o espírito nacional, um emergente sentimento de liberdade estética.

E no ano de 1928 Mário de Andrade publicará o ensaio sobre Antonio Francisco Lisboa, intitulado *O Aleijadinho e a sua posição nacional*, exaltando a raça que conseguira, pouco a pouco, impor a sua arte no período colonial, uma arte que considerava brilhante e, mais importante ainda, em um momento histórico em que o mestiço ainda era acintosamente marginalizado,

> Mas a prova mais importante de que havia um surto coletivo de racialidade brasileira está na imposição do mulato. A Colônia, por força das suas circunstâncias econômicas unicamente, e sem a mais mínima intervenção política de Portugal, fazia dois séculos que vinha se enriquecendo de algumas realizações artísticas. [...] De todos esses exemplos principiam nascendo na Colônia, artistas novos que deformam sem sistematização possível a lição ultramarina. E entre esses artistas brilha o mulato muito.[164]

E continuava, após citar vários casos:

> Bastam estes exemplos para se compreender este lado, não dominante, mas intensamente visível, de como a raça brasileira se impunha no momento. [...] Os nossos mestiços do fim

---

[163] *Ibidem*, p. 28.
[164] ANDRADE, 1984, p. 13.

da Colônia glorificam a "maior mulataria,"[165] se mostrando artistas plásticos e musicais.[166]

Buscando no passado as tradições que poderiam ter feito surgir, mais e mais, a consciência da nacionalidade do povo brasileiro, via o despontar de uma raça que se originaria dos que, à p. 16, chamava de "desraçados", pois raça, no Brasil daquela época, tinham apenas portugueses e negros, e não os mestiços que surgiram da união desses dois povos.

Ao se referir ao povo da metade do século XVIII e início do XIX, considerava-o como "de uma timidez acaipirada, envergonhada da terra sem tradições. Sem tradições porque ignoravam a pátria e a terra,"[167] complementando e deixando claro que "a pátria e a terra" encerravam tesouros de nacionalidade desprezados e, por isso mesmo, desconhecidos.

Admitia que o Aleijadinho, ao criar, imitava o ultramarino, mas também defendia a ideia de que, mesmo imitando, superava, e muito, o imitado: "a verdade é que o Aleijadinho estava imitando! E si genializava o imitado, culpa não era dele de possuir a violência de temperamento, a grandeza divinatória que o tornava original sem querer."[168]

Nessa "grandeza divinatória" é que se profetizaria a verdadeira arte do povo brasileiro, a arte colonial barroca surgida de expressões criadas por mestiços, aos quais considerava como sendo os integrantes de uma nova raça, a brasileira.

"O Aleijadinho não teve o estrangeiro que... lhe desse gênio. E por isso nós não acreditamos em nós."[169]

Exaltava as soluções artísticas apresentadas por ele: "o caso dele é perfeitamente o de completamento e coroação duma fase. Ele transporta ao seu climax a tradição luso-colonial da nossa arquitetura, lhe dando uma solução quasi pessoal, e que se poderá ter por brasileira por isso."[170]

Destacou-o, e à sua arte, como reflexos da etnia nacional, cheia de dengos, graça, delicadeza, suavidade, encanto.

É por isso que dirá:

---

[165] Interessante observar que em *Macunaíma* Mário de Andrade também se utilizou dessa expressão quando no capítulo X, "Pauí-Pódole", o herói encontra um mestiço "da maior mulataria," no parque do Ipiranga, discursando aos transeuntes a respeito da constelação do Cruzeiro do Sul.
[166] ANDRADE, 1984, p. 25.
[167] *Ibidem*, p. 21.
[168] *Ibidem*, p. 25.
[169] *Ibidem*, p. 26.
[170] *Ibidem*, p. 27.

> O Aleijadinho, surgindo da lição de Pedro Gomes Chaves, vem genealizar a maneira deste, criando ao mesmo tempo um típico de igreja que é a única solução original que jamais inventou a arquitetura brasileira. E o que tenho por absolutamente genial nessa invenção é que ela contém algumas das constâncias mais íntimas, mais arraigadas e mais étnicas da psicologia nacional, é um protótipo da religiosidade brasileira. Esse tipo de igreja, fixado imortalmente nas duas São Francisco de Ouro Preto e São João d'El-Rei não corresponde apenas ao gosto do tempo, refletindo as bases portuguesas da Colônia, como já se distingue das soluções barrocas luso-coloniais, por uma tal ou qual denguice, por uma graça mais sensual e encantadora, por uma "delicadeza" tão suave, eminentemente brasileiras.[171]

De tal forma entusiasmou-se pelas obras desse artista mineiro que desde a p. 31 do referido ensaio, até a 34, não economizará adjetivos: "volúpia plástica", "sensualidade excelente", "graça", "audácia admirável, movimentadíssima, apesar de serena", "genealidade plástica", "ardor molengo e lento", "audácia estilizadora". E dirá que suas igrejas são "muito lindas, são bonitas como o quê. São dum sublime pequenino, dum equilíbrio, duma pureza tão bem arranjadinha e sossegada que são feitas pra querer bem ou pra acarinhar".[172]

À p. 35, referindo-se a ele, o definirá como sendo: "uma das elevadas expressões plásticas do gênio humano."

Continuando mais à frente a exaltação que dele fazia, reconhecia-lhe importante função histórica dentro da arte, marcada pela originalidade e pela nacionalidade:

> O Brasil deu nele o seu maior engenho artístico, eu creio. Uma grande manifestação humana. A função histórica dele é vasta e curiosa. No meio daquele enxame de valores plásticos e musicais do tempo, de muito superior a todos como genialidade, ele coroava uma vida de três séculos coloniais. Era de todos, o único que se poderá dizer nacional, pela originalidade de suas soluções. Era já um produto da terra, e do homem vivendo nela, e era um inconsciente de outras existências melhores de além-mar: um aclimatado, na extensão psicológica do termo. Mas, engenho já nacional, era o maior boato-falso da nacionalidade, ao mesmo tempo que

---

[171] *Ibidem*, p. 30.
[172] *Ibidem*, p. 31.

caracterizava toda a falsificação da nossa entidade civilizada, feita não de desenvolvimento interno, natural, que vai do centro pra periferia e se torna excêntrica por expansão, mas de importações acomodatícias e irregulares, artificial, vinda do exterior. De fato, Antônio Francisco Lisboa profetizava para a nacionalidade um gênio plástico que os Almeidas Juniores posteriores, tão raros! são insuficientes pra confirmar.

Proclama o mestiço como símbolo "da solução brasileira da Colônia", exemplo da reinvenção do mundo:

> Por outro lado, ele coroa, como gênio maior, o período em que a entidade brasileira age sob a influência de Portugal. É a solução brasileira da Colônia. É o mestiço e é logicamente a independência. Deforma a coisa lusa, mas não é uma coisa fixa ainda. Vem economicamente atrasado, porque a técnica artística nas Minas foi mais lenta a se desenvolver, que o esplendor econômico feito apenas das sobras dum colonialismo que visava unicamente enriquecer Portugal. Por isso, ele surge quando já não correspondia a nenhuma estabilidade financeira.
>
> Mas abrasileirando a coisa lusa, lhe dando graça, delicadeza e dengue na arquitetura, por outro lado, mestiço, ele vagava no mundo. Ele reinventava o mundo. O Aleijadinho lembra tudo! Evoca os primitivos itálicos, bosqueja a Renascença, se afunda no gótico, quasi francês por vezes, muito germânico quasi sempre, espanhol no realismo místico. Uma enorme singularidade vagamunda, que seria diletante mesmo, se não fosse a força de convicção impressa nas suas obras imortais. É um mestiço, mais que um nacional. Só é brasileiro porque, meu Deus! aconteceu no Brasil. E só é o Aleijadinho na riqueza intinerante das suas idiossincrasias. E nisto em principal é que ele profetizava americanamente o Brasil...[173]

À p. 36 já havia escrito: "é um símbolo social de enorme importância brasileira, americana e universal. Ele representa um conjunto de obras de arte magníficas; um dos momentos decisivos da nossa formação histórico-psicológica; um gênio americano."

Não apenas Mário de Andrade se impressionara com as obras do Aleijadinho, pois Germain Bazin, na década de 50, e Lezama Lima, na de

---

[173] *Ibidem*, p. 41-42.

60, também escreveram sobre esse artista que, ao seu tempo, igualmente fora exaltado por um seu contemporâneo.

O barroco e suas manifestações artísticas só seduziriam Germain Bazin quando ele, em visita ao Brasil, conheceu as obras do artista mineiro, uma vez que foi a partir daí que passou a dedicar maior atenção à produção artística desse período. Durante dez anos empenhou-se em pesquisar tal escola, tendo mesmo ido estudar as fontes do barroco brasileiro em Portugal e na Espanha, os dois países conquistadores do continente sul-americano.

Figura 9 – Atlante na Igreja Nossa Senhora do Carmo, em Sabará, Minas Gerais

Fonte: foto de Percival Tirapeli– acervo pessoal

Figura 10 – Profeta Daniel no Santuário de Congonhas do Campo, Minas Gerais

Fonte: foto de Percival Tirapeli – acervo pessoal

Figura 11 – Profeta Isaías no Santuário de Congonhas do Campo, Minas Gerais

Fonte: foto de Percival Tirapeli – acervo pessoal

Figura 12 – Adro dos Profetas no Santuário de Congonhas do Campo, Minas Gerais

Fonte: foto de Percival Tirapeli – acervo pessoal

Figura 13 – Igreja de São Francisco em Ouro Preto, Minas Gerais

Fonte: foto de Percival Tirapeli – acervo pessoal

Figura 14 – Aleijadinho – Retábulo-mor da Igreja de São Francisco, em Ouro Preto, Minas Gerais

Fonte: foto de Percival Tirapeli – acervo pessoal

Figura 15 – Mestre Ataíde – Pintura da Nave na Igreja de São Francisco, em Ouro Preto, Minas Gerais

Fonte: foto de Percival Tirapeli – acervo pessoal

Figura 16 – Mestre Ataíde – Pintura da Nave na Igreja de São Francisco, em Ouro Preto, Minas Gerais

Fonte: foto de Percival Tirapeli – acervo pessoal

Assim, produções artísticas originadas de um movimento visto como aquele que apenas produzira excentricidades, pouco a pouco conseguiriam o reconhecimento do ambiente artístico ocidental. Bazin escreveria mesmo que considerava o barroco como a última grande arte religiosa do mundo moderno, e que a Igreja de São Francisco de Assis de Ouro Preto, criação escultórica e arquitetônica do Aleijadinho, era a obra-prima da arquitetura luso-brasileira. Reforçava que apenas a partir do século XVIII tivera

> [...] início após 150 anos de colonização, uma civilização capaz de viver por conta própria, continuando a se alimentar de suas fontes básicas.
>
> A contribuição mais original do Brasil teria sido o fato de propiciar à arte barroca luso-brasileira sua expressão máxima, nessa região de Minas que viveu, durante o século XVIII, uma tamanha efervescência civilizadora. Foi no momento em que Portugal renunciou ao rococó que o Brasil conseguiu

criar suas formas mais elegantes, dignas de competir com os monumentos célebres da Suábia ou da Francônia.[174]

Para ele, o Aleijadinho era a última admirável expressão do barroco no mundo.

E Lezama Lima, no texto já citado no capítulo I, "A curiosidade barroca", escreve: "A arte do Aleijadinho representa a culminação do barroco americano, a união em uma forma grandiosa do hispânico com as culturas africanas."[175]

Do ano de 1790 encontra-se, de Joachim da Silva, vereador de Mariana, também a respeito do Aleijadinho:

> Superior a tudo e singular nas esculturas de pedra em todo o vulto ou meio relevado no debuxo e ornatos irregulares de melhor gosto francez, é sobredito Antonio Francisco. Em qualquer peça sua que serve de realce aos edificios mais elegantes, admira-se invenção, o equilibrio natural, o composto, a justeza das dimensões, a energia dos usos e costumes, e a escolha a disposição dos accessorios com os grupos verosimeis que inspira a bella natureza.[176]

Para Mário de Andrade, Germain Bazin ou Lezama Lima, o Aleijadinho, Mestre Ataíde, Padre Jesuíno do Monte Carmelo e tantos outros expressaram o espírito mestiço, a alma do novo elemento formador do povo brasileiro, cujas influências, tendo impregnado a criação artística de suas características étnicas, iniciaram a despontar no período colonial e produziram obras que acabariam por testemunhar não só a grandiosidade de um momento histórico, como também o reflexo de um sentimento de liberdade estética que aí teria começado a germinar. Pouco a pouco a arte passaria a expressar o clima espiritual do país, instalando-se um estilo especial, diferente da cópia fiel daquilo que se fazia na Europa.

Movimento artístico que por si mesmo, desde as origens, já seria uma ruptura no Brasil, acabara por se caracterizar como sendo um novo momento de ruptura. Essa teria sido a "saída brasileira", a saída que os artistas pardos haviam imprimido à sua arte, uma arte que se tornava peculiar à realidade do país em que nascera. Era a originalidade brasileira que se evidenciava

---

[174] BAZIN, 1983, p. 377.
[175] LIMA, 1988, p. 106.
[176] "Extrato da crônica dos fatos notáveis redigida em 1790 por Joachim da Silva, Vereador de Mariana". BAZIN, 1983, p. 382.

cada vez mais na força expressiva do mestiço, força essa da qual se originaria mais tarde a arte-testemunho da força do espírito nacional.

As obras do Aleijadinho, para Mário de Andrade, representavam um pouco da alma do Brasil, desse Brasil que conhecera culturalmente tão descaracterizado, tão sem espírito próprio. Era por isso que escreveria a Drummond, em 1924: "Nós temos que dar ao Brasil o que ele não tem e que por isso até agora não viveu, nós temos que dar uma alma ao Brasil, e para isso todo sacrifício é grandioso, é sublime."[177]

Daí a incansável batalha em tentar mostrar a todos, por meio das inúmeras viagens, pesquisas e trabalhos que sempre realizou, qual era realmente a identidade do país.

---

[177] ANDRADE, 1982, p. 23.

V

UMA DESCOBERTA INSTIGANTE

Desde 1935, Mário de Andrade esteve ligado ao Departamento de Cultura da Municipalidade de São Paulo, aí exercendo a função de diretor e desempenhando, não apenas nessa instituição, como também no Sphan (Serviço do Patrimônio Histórico e Artístico Nacional), criado em 1937, o papel de cofundador. Ambos, Departamento de Cultura e Sphan, frutos de uma generalizada preocupação com a cultura do estado e do país, caminhavam lado a lado, não só em projetos de desenvolvimento cultural, mas também em pesquisas direcionadas ao que restara da arte e da cultura do passado. Buscava-se a verdadeira abrangência da produção cultural brasileira como um todo.

Tais objetivos estavam bastante conformes às linhas de preocupações que por toda a vida direcionaram Mário de Andrade e que se harmonizavam com o clima que se estabelecera no ambiente intelectual daquele momento, cuja preocupação, pautada nas linhas do pensamento modernista, conferia importância às descobertas artísticas, incentivando um trabalho de pesquisas que deveriam ser realizadas com metodologia e alicerçadas em investigações científicas. Isso se apresentava como inovação, uma vez que no Brasil, até essa época, tais critérios científicos e metodológicos eram desconhecidos entre as pessoas que se preocupavam em preservar a arte do passado, o que acabava por determinar que as escolhas muitas vezes se baseassem apenas no gosto e nas preferências individuais.

"O Modernismo foi um toque de alarme. Todos acordaram e viram perfeitamente a aurora no ar", diria Mário de Andrade, em 1940.[178]

A sua colaboração efetiva e constante com o Sphan foi longa, pois se estendeu desde os projetos de organização, em 1936, até o ano de 1945. Como assistente técnico da 6.ª Região do Sphan, durante os anos de 1937 e 1938, participava de uma equipe responsável pelo inventário de obras que, embora se encontrassem muitas vezes abandonadas ou em ruínas, pudessem ser importantes pelos valores histórico e artístico. Após a pesquisa

---
[178] ANDRADE, 1981, p. 25.

realizada, levantamentos e estudos necessários concretizados, tais obras seriam tombadas pelo governo federal.

> [...] As brasas dormidas foram reavivadas por um beato de sacristia, Mário de Andrade, que levava os modernistas a Minas e ensinava Oswald de Andrade a decifrar os códigos da cultura brasileira lavrados em pedra-sabão.
>
> E foi somente em 1937 [...] que se tirou a pátina de vergonha que encobria o esplendor da arte barroca, permitindo que os céus policromados de Ataíde voltassem a ser povoados por mulatinhos cantantes.[179]

Assim é que, em 27 de abril de 1937, escreveria a seu diretor e grande amigo Rodrigo Mello Franco de Andrade: "Já comecei a trabalhar no SPHAN, eta entusiasmo por não sei o quê!..."[180].

Na carta seguinte, datada de 23 de maio, em longo relato a respeito de tudo o que estava desenvolvendo como atividade, e também dos projetos e necessidades que sentia de auxílio para conseguir realizar de forma eficaz suas funções, dizia:

> E há o problema geral de S. Paulo. Você entenderá comigo que não é possível entre nós descobrir maravilhas espantosas, do valor das mineiras, baianas, pernambucanas e paraibanas em principal. A orientação paulista tem de se adaptar ao meio: primando a preocupação histórica à estética. Recensear e futuramente tombar o pouco que nos resta seiscentista e setecentista, os monumentos onde se passaram grandes fatos históricos. Sob o ponto de vista estético, mais que a beleza propriamente (esta quase não existe) tombar os problemas (sic), as soluções arquitetônicas mais características ou originais. Acha bom assim?[181]

No dia 7 de setembro desse mesmo 1937, reforçava as palavras de maio: "Você verá, assim que as fotos forem chegando aí, o que é esta <u>miséria de arte tradicional paulista</u>, paciência. Irão talvez alguns altares bonitos..."[182].

No entanto, ainda a 14 de setembro: "Segunda e hoje meus auxiliares estão em zona mais agradável, Itu, que tem coisas bonitas e importantes."[183]

---

[179] TIRAPELI, Percival (org.). *Arte Sacra Colonial* – Barroco Memória Viva. São Paulo: Editora Unesp, 2001. p. 11.
[180] ANDRADE, 1981, p. 66.
[181] *Ibidem*, p. 69.
[182] *Ibidem*, p. 75, grifo meu.
[183] *Ibidem*, p. 77.

No mês seguinte, dia 16 de outubro, enviava ao Sphan o primeiro relatório de tudo o que fizera até aquela data, e nele se pode ler:

> Não é possível esperar-se de S. Paulo grande coisa com valor artístico tradicional. As condições históricas e econômicas deste meu Estado, a contínua evasão de paulistas empreendedores para outras partes do Brasil nos séculos XVII e XVIII, o vertiginoso progresso ocasionado pelo café, são as causas principais da nossa miséria artística tradicional. Ou ruínas de quanto o progresso rastaqüera não cuidou de conservar, ou precariedades duma gente dura e ambiciosa, que menos cuidava de delícias que aventura. Se é sempre certo que sobram aos Paulistas mil meios de se consolar de sua pobreza artística tradicional: consolação não modifica a verdade.[184]

Com tal estado de espírito se conduzia Mário de Andrade nos trabalhos de pesquisa quando, ainda em 1937, se mostraria impressionado e até entusiasmado ao conhecer algumas das criações artísticas deixadas por Jesuíno Francisco de Paula Gusmão, encontradas na cidade de Itu.

Jesuíno, santista de nascimento, pobre e mestiço, se radicara em Itu desde os 17 anos de idade e se tornara, bem mais tarde, o Padre Jesuíno do Monte Carmelo, autor de telas, de músicas, de trabalhos de entalhe, e até mesmo do projeto arquitetônico de uma igreja, a de Nossa Senhora do Patrocínio, "a igreja maior e mais bela de Itu."[185]

Então, em carta datada de 28 de novembro de 1937, em que se referia ao segundo relatório a ser enviado, assim se expressava Mário de Andrade:

> Irá também o segundo relatório, com uma coleção de fotografias, menor que a primeira, e versando a pintura eclesiástica em Itu. Algumas coisas curiosas, como os painéis da Capela Velha da igreja do Carmo, já muitíssimo estragados, uma coleção de quadros, também bastante danificada, e que não deixa de ter sua curiosidade. E vão duas obras magistrais, o teto da Matriz e o teto da Carmo, esplêndidos, o primeiro como fatura principalmente e o segundo como estilo, dum barroquismo cheio de anjinhos, delicioso, apesar de.[186]

E em seguida:

---

[184] *Ibidem*, p. 80.
[185] ANDRADE, 2012, p. 227.
[186] ANDRADE, 1981, p. 111.

> Já com o teto da capela-mor da atual Carmo estamos diante de uma espécie de obra-prima.
>
> O painelista da Carmo era como que um renascente italiano. Os seus patriarcas, as suas santas e mesmo os seus anjinhos têm todos rostos simpáticos, de gente sadia, bem nutrida, que gosta de agradar e que agrada. Todo o painel neste sentido, (sic) respira um ar de felicidade, a que os festões de rosas e o borboleteamento dos anjinhos dá uma nota muito viva de alegria. Inda mais, as fisionomias são todas sorridentes, mesmo quando não estão sorrindo. Este Assistente não exita mesmo em afirmar que, sob este ponto de vista, o pintor deste painel atinge as raias do grande artista, pelo poder de exteriorização psicológica de que era capaz. Rostos como os dos patriarcas [...] expõem uma felicidade, uma alegria interior admiráveis.

Não economizaria elogios ao que descobrira:

> E há o movimento. O patriarca de que o anjo segura o báculo [...], o papa lindo [...], os quatro santos do grupo central e a bonita Senhora do Carmo, são todas figuras desenhadas com verdadeira volúpia de movimento, e verdadeira elegância de atitude. Há que notar ainda a apresentação festiva da Senhora, com os dois anjos lhe abrindo o manto, que cria uma composição triunfal, bastante inédita – a não ser que seja mesmo uma invenção do artista.
>
> [...] a volúpia de viver [...] é o signo do painelista da Carmo.[187]

E na conclusão, entusiasmado:

> Tem-se que não exaltar por demais para não perder o equilíbrio dentro das grandes obras dos homens. Tem-se porém que não sofrer daquele muito americano complexo de inferioridade que a inexistência dum Miguelanjo ou dum Rubens, nos faz ver as obras nossas por uma janela humilde de acomodados inferiores. A pintura religiosa em Itu é de grande importância artística. São artistas de vastas qualidades a que, como diz Saint-Hilaire, faltou apenas a convivência com a tradição dos séculos e os bons modelos.

Cauteloso, exaltava a originalidade da obra do Padre Jesuíno, assim como um dia exaltara a do Aleijadinho:

---

[187] *Ibidem*, p. 121-122.

> É possível que o teto da Carmo fuja muito aos cânones da decoração européia. Porém, menos que imaginar por isso deficiência, não seria mais lógico olhar uma obra assim por olhos que não estejam facetados à européia?... Porque, antes de salientar deficiência, não salientaríamos a originalidade? Templos claros por demais. Pintura clara por demais, cândida, sem fundos. Mas feliz. Uma grande mistura de ingênua religiosidade e mesa farta. Daí uma vaga semelhança com a voluptuosidade da pintura renascentista italiana. Mas não passa duma coincidência, que o relator acentuou, apenas porque não tinha senão esse elemento, desesperantemente europeu, para se fazer compreender.
>
> [...] parece a este Assistente que o teto da Carmo terá maior valia tanto nacional como universal. Porque apresenta formas mais representativas de nós, mais originais, mais contribuidoras.[188]

A partir dessa descoberta se estabelecera o "encantamento" que Mário de Andrade passaria a sentir, primeiro pelas obras, depois pela vida, e em seguida também pela pessoa do Padre Jesuíno, o artista responsável pela edificação da Igreja do Patrocínio, desde o seu projeto arquitetônico até os últimos detalhes da decoração interior e que, para Saint-Hilaire, em relato escrito datado de 1820, era a "mais cuidada e de bom-gôsto"[189] entre todas as que vira na cidade.

Não só Saint-Hilaire ficaria admirado com ela. Na nota 33 do livro *Padre Jesuíno do Monte Carmelo*, Mário de Andrade se refere a outros três testemunhos sobre essa igreja: o de Antônio Augusto da Fonseca, que a conheceu ainda na construção original do Padre Jesuíno e se referia a ela como "monumento imorredouro do seu gênio artístico"; o do viajante português Zaluar: "Em Itu há o templo da Senhora do Patrocínio, de estilo gótico, que atrai a atenção do viajante pela sua beleza e elegância"; o do então senador mineiro Firmino Rodrigues da Silva que, após conhecer o templo, teria feito a seguinte consideração:

> Isto nunca foi estilo gótico. [...] Não é gótico, nem dórico, nem coríntio, não tem estilo algum conhecido. É um parto *sui generis*, um estilo original, que saiu da cabeça de um artista que não conheceu sistema algum de arquitetura, mas que

---

[188] ANDRADE, 1989, p. 125-126.
[189] ANDRADE, 2012, p. 69.

> tinha na cabeça o ideal da arte. É um templo digno de ver-se pela sua elegância e originalidade.

"Na verdade, por estas observações e o que resta da igreja primitiva, a Patrocínio se alimentava francamente do barroco nacional da segunda metade do século anterior", acrescentaria Mário de Andrade, à mesma nota.

E Rodrigo Mello Franco de Andrade, no Prefácio do *Padre Jesuíno do Monte Carmelo*, afirma ter sido o pintor "figura de maior relevo no ambiente artístico do tempo na sua região" e autor de uma produção intuitiva, muito mais resultado de uma aptidão inata que demonstrara pelas artes do que consequência de aprendizagem.

Tratava-se de uma personalidade instigante e, a partir dessas descobertas acontecidas no ano de 1937, uma ideia passou a perseguir Mário de Andrade: mesmo sem conhecer todas as obras do Padre Jesuíno, pois entrara em contato com apenas algumas delas, acreditava tratar-se de telas que mereciam um elaborado trabalho de estudo que pudesse reconstruir a trajetória do padre pintor no caminho da arte, não apenas com o objetivo de identificar, se possível, toda a sua produção artística, como também de preservá-la da destruição e do abandono. Pressentira a importância de uma pesquisa que, na ocasião, não imaginava seria feita anos mais tarde por ele mesmo. Para alguém que em 1928 elaborara o ensaio sobre o Aleijadinho, pode parecer possível que tal descoberta fundamentasse ainda mais as ideias que há muito tempo desenvolvia de que o Barroco brasileiro (na verdade, até então apenas o mineiro e, a partir de 1938, também possivelmente o paulista) poderia representar fecundo ângulo para pensar uma nova e importante visão da cultura brasileira.

Escrevera sobre o Aleijadinho e defendia a ideia de que da mestiçagem é que havia brotado a arte colonial brasileira, assim intuitiva. E descobre o Padre Jesuíno:

> [...] figura humana e artística [...] que avulta no acanhado âmbito colonial e demonstra a um só tempo as variadas capacidades do nosso homem do povo, seu poder de improvisação e invenção, seu sentimento estético banhado de poesia e religiosidade, e sua tendência para a afirmação nacional dentro dos valores universais da religião e da arte.[190]

Tratava-se de alguém que, quase sem nenhum aprendizado das regras eruditas da arte, ousara pintar quatro igrejas, elaborar trabalhos de talha,

---
[190] ANDRADE, 2012, p. 30.

compor músicas sacras e edificar inteiramente uma outra igreja. Era do Padre Jesuíno do Monte Carmelo que falava, figura de grande destaque à época em que vivera e que, de acordo com o Padre Diogo Feijó, tornara-se "a glória e as delícias dos ituanos."[191]

Anos mais tarde, outra vez como assistente técnico do Sphan, e após reiteradas e insistentes solicitações dessa repartição, acabaria decidindo se lançar a esse extenuante trabalho de pesquisa que comprovaria suas expectativas: iria se defrontar com um estudo árduo e complexo já que, na tentativa de uma elucidação biográfica de difícil solução, só podia contar com depoimentos muitas vezes desnorteantes, pelas incoerências e contradições que encerravam. Tratava-se, de fato, de tarefa de complicada realização, uma vez que as informações de que dispunha sobre o Padre Jesuíno se mostravam imperfeitas, transmitidas muito mais por meio da tradição oral do que de documentos escritos.

Embora isso o afligisse em demasia e atormentasse espírito tão criterioso e preocupado com a precisão histórica de uma interpretação lúcida e correta, não se sentia desanimado. Trabalhava incansavelmente na elaboração de uma obra que mostraria os meandros da vida de um artista colonial mestiço e paulista, cuja contribuição ao mundo da genuína arte brasileira o autor considerava ser de conhecimento imprescindível.

Foi então que no ano de 1941, após muito resistir aos impulsos de se dedicar a tal tipo de pesquisa, decidiu-se por fazê-la, terminando-a apenas em dezembro de 1944.

Assim é que a 21 de junho escreveria ao seu amigo Rodrigo: "Agora vou me atirar ao frei Jesuíno."[192]

E, em carta datada de 22 de outubro, reforçava: "Trouxe do Rio duas incumbências suas: destrinçar (sic) em fichas os 'Inventários e Testamentos' e fazer uma monografia sobre o Padre Jesuíno do Monte Carmelo."[193]

Com tal rigor mergulhara nessa tarefa que chegaria mesmo a escrever:

> Nada disto me atormentaria se fosse obra exclusivamente minha, mas o fato de estar trabalhando para um serviço público que, se pode ter a vossa compreensão sôbre (sic) a sua dificuldade e exigência de nenhuma pressa, à maioria

---

[191] Ibidem, p. 31.
[192] ANDRADE, 1981, p. 137.
[193] Ibidem, p. 137.

parecerá inexplicável, está me tornando esta monografia uma verdadeira obsessão condenatória.[194]

De acordo com palavras de Rodrigo Mello Franco de Andrade, que o considerava "de formação profissional severa, [...] consciência intelectual em extremo exigente e sempre disposta à máxima concentração sobre os objetos por ela atingidos"[195], Mário de Andrade só contaria com escassíssima bibliografia sobre o pintor, como era escassa e rara a documentação existente sobre o período colonial brasileiro. Tudo isso lhe dificultava o trabalho e, escrupuloso como era no que dizia respeito a todo e qualquer estudo que fazia, além de possuidor de uma autocrítica bastante forte, iria se deparar com uma incumbência exaustiva e frequentemente desanimadora. No entanto, mesmo tendo se expressado em vários momentos sobre o desespero que o acometia, executou-a até o final.

Então, após três anos de dedicação a um contínuo trabalho que lhe exigiu esforço em tempo praticamente integral, em verdadeira consagração a tal estudo, surgiria *Padre Jesuíno do Monte Carmelo*, sua última obra de pesquisa. Frequentemente escrevia que desde o despertar, às sete horas, até uma ou duas horas da manhã, "jesuinizava-se"[196], sentindo-se muitas vezes desolado quando a exaustão o impedia de continuar e também porque, apesar das tantas horas dedicadas ao trabalho, e por causa da escassez de documentos de que dispunha, suas conclusões em nada ou em quase nada haviam avançado.

No entanto, apesar de todas as dificuldades com as quais se deparava elaboraria, com o cuidado e a seriedade que lhe eram peculiares, obra que, para os professores Jorge Coli e Luiz Carlos da Silva Dantas, é: "um perfeitíssimo trabalho."[197]

Também em relação a ele dirá Rodrigo Mello Franco de Andrade no "Prefácio" do *Padre Jesuíno do Monte Carmelo* que se tratava de mais uma obra de Mário de Andrade, realizada com seriedade e originalidade, características até das "menores produções do seu talento."[198] E complementará:

> Este ficará sendo um livro único na obra, tão variada e rica de interêsse, que nos legou Mário de Andrade.

---

[194] ANDRADE, 2012, p. 25.
[195] *Ibidem*, p. 26.
[196] *Ibidem*, p. 27.
[197] ANDRADE, Mario de. *O Banquete*. São Paulo: Livraria Duas Cidades, 1977. *In: Sobre o Banquete*, p. 28, nota 14.
[198] ANDRADE, 2012, p. 22.

> Profundamente versado tanto nas questões artísticas como nas literárias, e tendo conquistado mesmo, em vários campos intelectuais, títulos de renovador de processos, revisor do gôsto estabelecido e criador e orientador de novas concepções, entretanto só no fim de sua vida se abalançou a versar de maneira exaustiva um tema de história da arte brasileira, como é esta obra consagrada à vida e trabalhos do Padre Jesuíno do Monte Carmelo.[199]

Para o diretor do Sphan, tratava-se de um texto com "méritos excepcionais", que conseguira reunir "a um critério rigoroso de análise técnica uma forma e um sabor literários que torna particularmente amena a sua leitura."

E resultaria em trabalho de redação literária que, de acordo com as próprias palavras de Mário de Andrade na "Introdução" ao *Padre Jesuíno do Monte Carmelo*, devido às incertezas a que datas e dados conduziam, acabaria sendo escrito "quase como um 'conto' biográfico."

No entanto, seria ele mesmo quem se preocuparia em esclarecer, nessa mesma "Introdução" que, embora tivesse interpretado dramaticamente os fatos a partir dos quais pouco a pouco entrara em contato com tudo o que se referia ao artista objeto de sua pesquisa, jamais tivesse inventado dados. A verdade é que a descoberta instigante se transformaria em uma apaixonante e envolvente pesquisa da trajetória de vida e de arte do padre pintor.

---

[199] *Ibidem*, p. 21.

VI

PADRE JESUÍNO DO MONTE CARMELO: APENAS UM ESTUDO BIOGRÁFICO?

Padre Jesuíno do Monte Carmelo terá sido, como se disse na epígrafe deste trabalho, "seu único estudo, em grandes proporções, nos domínios da arte colonial brasileira, e [...] também o seu último e mais meditado livro",[200] "um livro único na obra, tão variada e rica de interêsse, que nos legou Mário de Andrade."[201]

Mas quem foi o Padre Jesuíno?

Figura expoente e muito querida à sua época, é o que atestam as palavras do panegírico que o Padre Diogo Antonio Feijó proferiu em sua homenagem no dia 2 de junho de 1821. Enaltecia o estado de pobreza evangélica em que vivera, a sua real prática da religião, o que se podia notar por meio da verdadeira caridade que sempre acompanhara seus atos, além de ressaltar o real desprendimento que o padre sempre demonstrara às coisas materiais e a suas aptidões artísticas. Assim se pronunciaria Feijó:

> Quem averá dentre nós que nam tenha retratado vivamente em sua memória os primeiros pasos daquele Eróe raro? Aquele engenho vivo, penetrante e atilado, talhado para melhores tempos, e que nascido em outra época mais feliz para a cultura das Artes, seria capaz de propor modelos originais ao gosto, e ao belo.
>
> Senhores, a quem se deve o brilhantismo de vosa patria? Quem espalhou entre vós tantos monumentos dessa arte encantadora, que imortaliza os Eróes, que salva do esquecimento tantos personagens ilustres, dando-lhes uma espécie de vida, fazendo-os inda mesmo em sombra objectos de imitaçam e de respeito?
>
> Na Provincia inteira, e inda muito alem, chegam, com a fama de seo nome, as obras de seo genio. Ele tem sido o credito

---

[200] ANDRADE, 2012, p. 23.
[201] *Ibidem*, p. 21.

> de sua patria, a honra da Provincia, a gloria e as delicias dos Ytuanos. A muitos anos voso nome é pronunciado com respeito, e com inveja: éreis, e ainda sois apontados como a primeira vila, onde a magestade do culto, a pompa das festividades, o esplendor dos templos dam a conhecer voso carater de religiam, e de grandeza.
>
> A quem deveis esta gloria [...]?
>
> Aquela arte divina, de que ele possuia os segredos, e que manejavam com tanta destreza, tem asinalados <u>os diferentes periodos de sua piedade para com Deus</u>, e de seo amor para convosco.[202]

Mário de Andrade se dedicara a minuciosas e detalhadas pesquisas nos arquivos eclesiásticos, tendo sido praticamente obrigado a decifrar os pouquíssimos documentos que encontrava, pois o Padre Jesuíno, pela própria origem humilde e quase anônima de mestiço, tinha sido até então muito pouco estudado. Além disso, os raros autores que a ele se referiam muitas vezes haviam se copiado uns aos outros, quando não até mesmo se contradizendo nas afirmações que faziam.

Tratava-se de descobrir dados sobre a vida e a obra de um pintor cujo conhecimento artístico era intuitivo e, porque não tivera a oportunidade de aprender a arte que exercia, havia deixado trabalhos resultantes de uma aptidão natural e espontânea.

Vivera em Itu, região da província de São Paulo, que no século XVIII se destacara pela exuberância econômica da cana-de-açúcar, a maior fonte de riqueza do então Brasil colônia.

Alguns trechos do prefácio do livro remeterão à importância atribuída ao estudo, quando de sua elaboração. Assim é que nele se lê:

> [...] o trabalho se reveste de méritos excepcionais, não sendo dos menores a seriedade com que foi concebido, e também o de reunir a um critério rigoroso de análise técnica uma forma e um sabor literário que tornam particularmente amena a sua leitura. Distancia-se assim do tom de monografia tediosa, que soi ser o empregado nos trabalhos do gênero, mas sem cair no plano das obras meramente impressionistas, feitas por e para amadores, e nas quais a debilidade do julgamento é disfarçada pelo pitoresco da expressão. Forma e substância

---

[202] *Ibidem*, p. 234-235, grifo meu.

> fundem-se, aí, num texto profundamente honesto, a exprimir como é possível utilizar um exato aparelho crítico em obra que satisfaça ao gôsto literário e valha, por si mesma, como coisa de arte.[203]

Referindo-se o prefaciador a "um refinado escrúpulo intelectual"[204] que em todos os momentos Mário de Andrade demonstraria, acrescentava:

> Recorrendo ainda aos termos de suas cartas e relatórios mensais de serviço, podemos assinalar muitas e variadas manifestações dêsse escrúpulo, que ficarão como uma lição de probidade para investigadores e homens de letras em geral.[205]

Na Introdução que ao prefácio se segue, Mário de Andrade faz importantes esclarecimentos sobre o aspecto literário do trabalho, justificando-se:

> É tamanha a incerteza, tal a fuga das datas e tão apaixonante a Vida do padre Jesuíno do Monte Carmelo, que não evitei lhe dar expressão literária. [...] Eu sei muito bem que a Vida, (sic) do padre Jesuíno do Monte Carmelo, foi concebida quase como um "conto" biográfico. Interpretei dramàticamente. Mas as Notas provam, esclarecem ou justificam a minha interpretação, e repõem tudo no lugar. Quanto à Obra, reservei para ela o melhor do meu esfôrço, fazendo-a intencionalmente de ordem técnica, cerceando ao possível os arroubos do entusiasmo.
>
> Devido à sua feição literária, libertei de indicações bibliográficas a parte sôbre a Vida. Mas não inventei dados.[206]

Assim, resultado de profunda e minuciosa pesquisa, o livro *Padre Jesuíno do Monte Carmelo* trata, na primeira parte, da vida do artista colonial; em seguida, discorre sobre a obra deixada por ele, e o trabalho todo se encerrará em conclusões às quais chegara Mário de Andrade a respeito de tudo o que estudara. Apensas a isso estão notas esclarecedoras de itens, parte da Vida e da Obra do artista.

Padre Jesuíno do Monte Carmelo, nome importante dentro da arte colonial paulista, foi comprovadamente músico, pintor e arquiteto.

---

[203] *Ibidem*, p. 24.
[204] *Ibidem*, p. 24-25.
[205] *Ibidem*, p. 25.
[206] *Ibidem*, "Introdução".

Filho de mãe parda forra, Jesuíno Francisco de Paula Gusmão nasceu na cidade de Santos no dia 25 de março de 1764. Muito pobre, não teve oportunidade de estudar. De índole religiosa, sempre humilde e devoto de Nossa Senhora do Carmo, frequentava o Convento Carmelitano, em Santos, o que o tornaria amigo dos padres, que lhe ensinariam um pouco de música. Ao que consta, era um jovem bastante calmo e "místico por natureza," o que acabaria por favorecer-lhe a amizade e certa proteção dos padres.

Mais ou menos aos 14 anos começava a fazer pinturas quando os padres lhe pediram para estofar e encarnar três imagens de madeira, apenas esculpidas, que existiam no convento: uma Nossa Senhora da Conceição, uma Sant'Ana e um São Joaquim. Aceitou a incumbência e o pagamento pelos trabalhos realizados que, ele sabia, não seriam duradouros, uma vez que não se sentia suficientemente competente para executá-los.

Certo dia um padre que partia de Santos em direção a Itu convidou-o a acompanhá-lo. Jesuíno, então com 17 anos, aceitou o convite, imaginando que lá poderia talvez trabalhar como sacristão, como decorador de altares, como organista e quem sabe até como pintor, uma vez que na vila que enriquecera rapidamente graças ao plantio da cana-de-açúcar, estabelecera-se verdadeira competição entre as ordens religiosas, a cada dia se projetando e se construindo igrejas novas. Itu era a soberana, a mais rica, dominando entre as três comarcas dessa região da capitania, e era natural que, em meio a tanta abundância de dinheiro, cada uma das ordens desejasse que a sua igreja fosse a mais suntuosa, em verdadeira corrida religiosa e sagrada "fúria artística".[207]

> A vila, tomada de grande fervor religioso, estava em plena ebulição de reforma, quando Jesuíno Francisco apeou à porta do Carmo. Os ituanos do século, mais que a outra gente da capitania, primavam pelo apêgo às artes e decorações das igrejas, e das próprias casas. Representavam a "civilização" bandeirante do paulista velho.[208]

E lá havia muitos padres: franciscanos, carmelitanos, e outros mais, inúmeros, filhos de famílias ilustres.

Em Itu, Jesuíno conheceu José Patrício da Silva Manso, pintor erudito, então incumbido de dourar o altar e pintar o forro da capela-mor da Igreja Matriz, recém-inaugurada. Logo passou a exercer a função de seu auxiliar e como, além disso, ajudava missas, era sacristão e tocava músicas novas nas inúmeras festas que a opulência do momento podia patrocinar,

---
[207] ANDRADE, 2012, p. 16.
[208] *Ibidem*, p. 15.

pouco a pouco passou a ser conhecido pelos habitantes da comarca, que se afeiçoaram a ele "pelos seus modos mansos e comportamento virtuoso."[209]

Em 1784, aos 20 anos, portanto, casou-se com a jovem Maria Francisca, branca, com quem viveria até o ano de 1793, quando enviuvou. Desse casamento nasceriam cinco filhos, dos quais sobreviveriam os quatro últimos.

Como já possuía alguma experiência de pintura, uma vez que aprendera bastante com José Patrício da Silva Manso, na decoração da Igreja Matriz, Jesuíno Francisco foi convidado a assumir todo o trabalho de decoração pictórica da igreja do Carmo, também em Itu. Aceitou-o e, em um primeiro gesto de ousadia, como considerava Mário de Andrade, colocaria nesse forro, no meio de revoadas de anjos brancos, um anjinho mestiço.

Apenas terminada a pintura da igreja do Carmo, novo convite para decorar outras, dessa mesma Ordem, em São Paulo. Para lá seguiu, deixando em Itu e aos cuidados das cunhadas, os quatro filhos pequenos e três irmãos menores, cuja educação era de sua responsabilidade.

Durante todo o tempo em que decorou as igrejas de São Paulo, morava no próprio convento e o prior Frei Tomé, sabendo de sua vocação para o sacerdócio, durante dois anos ensinou-lhe o latim. Assim, cerca de quatro anos depois de ter enviuvado, devidamente preparado para assumir o sacerdócio, Jesuíno Francisco de Paula Gusmão receberia as ordens menores e trocaria o nome de leigo pelo de Jesuíno do Monte Carmelo. Ordenou-se em São Paulo mesmo, quando terminava de pintar as duas igrejas carmelitas: a do Convento do Carmo e a de Santa Teresa.

Mais outro trabalho lhe seria oferecido: a pintura da igreja da Ordem dos Terceiros. Então, só rezaria a primeira missa seis meses depois, em Itu, em 1798, finalmente conseguindo realizar o antigo sonho de ser padre, embora ordenado "ex defectu natalium," pelo fato de ter pai desconhecido.

A arte, que havia lhe servido até então como forma de sobrevivência, pois, além de se manter, precisava cuidar da educação dos filhos e dos irmãos, a partir dessa data passaria a ser utilizada com o único objetivo de glorificar a Deus, já que não mais necessitava trabalhar no ofício de pintor.

Educava da melhor forma possível os quatro filhos, os três irmãos menores e órfãos, e ainda um sobrinho que também havia manifestado vocação sacerdotal – até mesmo um conceituado professor de latim cuidara de contratar.

Nesse período da vida alimentaria um novo sonho: o de construir um grandioso templo dedicado à Nossa Senhora do Patrocínio, sonho esse

---

[209] *Ibidem*, p. 18-19.

que se apresentava como viável, pois recebera doações de terras em Itu e, como monge mendicante, conseguira dinheiro em Goiás.

Parte das terras recebidas em doação, reservaria para a construção da igreja e, em frente a esse local, construiria uma casa ampla e modesta onde passaria a morar com a família toda e com alguns padres que haviam começado a se agregar a ele. Entre esses padres estava Diogo Antonio Feijó, o futuro Regente, que se tornara seu confessor e grande amigo.

Com a ajuda dos filhos, dois deles já ordenados padres, e com o auxílio econômico que o Príncipe Regente D. João lhe oferecera, graças a uma viagem ao Rio de Janeiro, a Igreja do Patrocínio era construída com muito capricho e toda a atenção possível, dispensada, não apenas ao projeto arquitetônico, como também à decoração interior e aos detalhes finais.

Momento de apogeu para o Padre Jesuíno, pois conseguia realizar um grande sonho, e o grupo que morava com ele no "Pátio do Patrocínio," como era chamada a sua casa, chamava a atenção na pequena vila, destacando-se por ser formado de padres piedosos e intensamente místicos.

Foi aí que resolveu solicitar à Ordem Terceira do Carmo, uma ordem religiosa de princípios caucásicos, autorização para nela ingressar. Seu pedido foi aceito pela Venerável Ordem Terceira de Nossa Senhora do Monte Carmelo da Vila de Itu e encaminhado à Santa Sé, mas, ou foi negado, ou a resposta nunca veio, mostrando a ele que, apesar de ser pessoa muito querida, jamais deixaria de ser um segregado pela cor. Ainda uma vez se defrontara com a dura realidade da origem mestiça.

O único documento de autoria do Padre Jesuíno, encontrado por Mário de Andrade, foi uma carta datada do dia 16 de junho de 1815. Estava, na ocasião, com 51 anos de idade e a escreveu ao prior do Carmo de Santos, pedindo-lhe perdão pelos vários deslizes cometidos na meninice e juventude quando, aos 14 anos e sem ter capacidade para tanto, aceitara a incumbência de estofar e encarnar três imagens em trabalho remunerado, época também em que, confessava, furtara algumas composições musicais ao padre-mestre. Penitenciava-se de que mais tarde, em duas ocasiões diferentes, tendo ido de Itu até lá, tentara, na primeira vez, consertar um órgão dessa igreja e, na segunda, ajeitar o que não havia ficado bem-feito. Tudo isso fizera sabendo antecipadamente que não era habilitado a tanto, e confessava que tais faltas martirizavam-lhe a vida, atormentando-o impiedosamente.

Em 1817 a Igreja do Patrocínio estava concluída e a inauguração já programada para o dia 8 de novembro. No entanto, não se sabe por qual motivo, ela não aconteceu, nem nesse ano e nem em 1818, quando o Padre

Jesuíno adoeceu. E no seguinte, 1819, quando todos se preparavam para tão esperado momento, que deveria acontecer em meio a uma grandiosa festa, o Padre Jesuíno, já com a saúde bastante debilitada por causa de doença que há tempo o afligia, acabou por sucumbir, na noite de 30 de junho.

Só no ano seguinte é que finalmente aconteceria a inauguração, em

> [...] momento de clímax para os Padres do Patrocínio. Vem gente de tôda parte, mesmo da capital. Os Padres do Patrocínio estão entre os homens mais importantes da capitania, dominam espiritualmente tôda uma comarca, e isso deriva aos poucos na fatalidade do domínio político também. Feijó arregimenta liberais e arrasta consigo a maioria do clero ituano para as aspirações libertárias. Tem inimigos, se tem!
>
> Fora denunciado como "homem perigoso e cheio de idéias criminosas de liberdade."[210]

Além de tudo isso o Padre Elias, filho do Padre Jesuíno, pedira, em requerimento a el-rei, autorização "para organizar uma 'congregação de padres' na igreja do Patrocínio, com ensino público de filosofia e teologia."[211]

Solicitada informação ao ouvidor de Itu a respeito desses padres, não poderia ter sido pior do que foi, pois, além de outras coisas terríveis, chamava-os de "anticatólicos e vingativos".[212]

Embora os Padres do Patrocínio e Feijó continuassem com bastante prestígio na vila, tal informação impediria definitivamente que a congregação se oficializasse. Pouco depois, com a revolução do Porto, Feijó foi convocado para a Junta Eleitoral da Província e se viu obrigado a deixar Itu.

Ao mesmo tempo que os integrantes da "Congregação do Patrocínio" eram admirados, também despertavam forte censura da parte de muitos padres da vila por causa de comportamentos excessivamente marcados pelo misticismo e pela prática, por alguns, da autoflagelação como forma de penitência.

Por isso Frei Santa Justina os convocaria para um debate filosófico-teológico na Igreja Matriz. O Padre Feijó, tendo aceitado o desafio, voltaria de São Paulo especialmente para o debate, mas acabou sendo derrotado. Por causa disso, em pouco tempo, a "Congregação" se dissolveu.

---

[210] ANDRADE, 2012, p. 75.

[211] *Ibidem*, p. 76.

[212] *Ibidem*, p. 76.

Após ter conseguido reconstituir, e com bastante dificuldade, a biografia do Padre Jesuíno, iniciava-se outra enorme tarefa para Mário de Andrade: o recenseamento da obra e o estabelecimento de sua cronologia.

Na parte do livro em que discorre sobre a obra, fez uma relação de tudo o que se sabia ter o padre produzido em arquitetura, em torêutica, na música e em pintura: não apenas o que era comprovadamente de sua autoria, como também tudo o que a ele fora atribuído pela tradição.

No que dizia respeito à autoria das criações pictóricas, a arte em que o padre fora realmente considerado importante, a única certeza era de que, enquanto padre, fora o autor de oito quadros, retratos de santos carmelitas feitos para a Igreja do Patrocínio em Itu e que nela até hoje se encontram. Todas as outras: a da Igreja do Carmo em Itu e a de São Paulo, tanto a do Convento do Carmo como a de Santa Teresa ou a da Ordem Terceira, teriam sido do leigo Jesuíno Francisco de Paula Gusmão. E nessas é que Mário de Andrade centralizaria o enfoque do estudo.

Esclareceu que tanto o recenseamento como a cronologia haviam se mostrado tarefas excessivamente difíceis porque, pela falta de documentos, as informações obtidas apresentavam sempre imprecisão de datas.

Quanto à torêutica e à música, disse que as explicaria em notas apensas ao trabalho, uma vez que não as reputava como sendo tão significativas.

Então, no capítulo I, reconstituiu a biografia do Padre Jesuíno, dedicando todos os outros quatro à Obra, e finalmente um último às conclusões. Quanto à obra, dividiu-a por igrejas, tendo escrito um capítulo a cada uma delas: o II para a MATRIZ DE ITU, o III para a IGREJA DO CARMO DE ITU, o IV para a CARMO DE SÃO PAULO e o V para a IGREJA DE NOSSA SENHORA DO PATROCÍNIO; enfim, em um VI capítulo, abriu espaço à CONCLUSÃO a que chegara a respeito desse pintor, que considerava como sendo o mais importante do barroco colonial paulista.

As obras da Matriz de Itu seriam as que mais lhe despertaram "problemas e dúvidas."[213]

Na ocasião em que fez as pesquisas, toda a parte pictórica da capela-mor dessa igreja era "tradicionalmente" atribuída a Jesuíno Francisco, que ali trabalhara com José Patrício da Silva Manso, pintor erudito, "de espírito barroco", e "sabedoria acadêmica",[214] habilidoso, dado por Oliveira César,

---

[213] ANDRADE, 2012, p. 87.
[214] *Ibidem*, p. 102, 115.

uma das fontes de pesquisa das quais Mário de Andrade se utilizara, como nascido na cidade de Santos.[215]

Extenuante, cheio de hipóteses, suposições e problemas, mostrar-se-o estudo das obras da Igreja Matriz, e afinal concluíra que, nos 12 quadros que ornamentavam essa igreja, seis deles sobre Nossa Senhora e os outros seis sobre Jesus, teria havido o trabalho concomitante de dois pintores, um deles bastante habilidoso e o outro um aprendiz, que apenas copiava. Sobre o mestre, conseguira Mário de Andrade provas de que realmente era José Patrício da Silva Manso, e sobre o aprendiz, apegara-se a minúcias e detalhes das composições para finalmente concluir, após dúvidas e reflexões torturantes, que as seis telas de Jesus seriam mesmo de Jesuíno Francisco.

> A discrepância incontestável de desenho entre os quadros da vida de Nossa Senhora e os da vida de Jesus, importa na coexistência de dois artistas, coisa que, posteriormente a êste estudo, veio confirmar uma tradição oral. Um, que era mais hábil, desenhou a composição dos quadros marianos. Outro, mais inexperiente, desenhou os temas de Jesus, e "coloriu" toda a coleção. Que deve ter sido êle o colorista, nos garante o muito maior refinamento cromático, a maior sabedoria acadêmica, das obras conhecidas de José Patrício da Silva Manso.
>
> Jesuíno Francisco, ajudante de José Patrício da Silva Manso, ou mais ainda, seu discípulo, desenhou os quadros de Jesus e coloriu a coleção tôda, fazendo nesse trabalho o seu aprendizado verdadeiro de pintor. Jesuíno Francisco, fica bem claro, não foi um autodidata em pintura, embora não tenha se sujeitado (nem havia) a uma disciplina de escola. Mas teve professor e trabalhou conjuntamente com este, patrão e servente, mestre e discípulo. Nesta coleção de doze telas há que ver as primeiras obras, nossas conhecidas, de Jesuíno pintor.[216]

---

[215] De acordo com estudos realizados pela professora Ana Maria Noêmia L. Parsons e pelo professor Roberto Lanari, publicados em um folheto sobre a casa-sede da Fundação Gorceix, há, na cidade de Ouro Preto em Minas Gerais, uma casa, antiga residência de tradicional família de juízes, em cujo teto se descobriu, depois que dele se retirou a camada de pintura que o cobria, a figura de uma deusa da Justiça, mestiça, sorrindo, em clara alusão caricatural à Justiça portuguesa. Tal folheto intitula-se "História de uma pesquisa" e, nele, os autores atribuem a José Patrício da Silva Manso, nascido em Ouro Preto, de tradicional família da cidade, a autoria dessa pintura. Com a Inconfidência, a imagem teria sido rapidamente recoberta e seu autor se vira obrigado a fugir, vindo morar na vila de Itu. Ainda para escapar de possível punição, teria ido para São Paulo, tendo saído de lá também às pressas, residindo depois no Mato Grosso e, em seguida, no Paraguai.

[216] ANDRADE, 2012, p. 115.

Cronologicamente, as obras deixadas por Jesuíno na Igreja do Carmo da cidade de Itu foram posteriores às da Igreja Matriz, aceitas pela tradição como de sua autoria. E assim escreve Mário de Andrade, à p. 131:

> Das telas que Jesuíno Francisco de Paula deixou na Matriz de Itu para a decoração que fêz na igreja do Carmo da mesma cidade, vai uma diferença muito grande de espírito e encantamento plástico. A diferença não é tão rígida que proponha dúvidas de autoria, e eu creio mesmo não ser difícil imaginar o que se passou: mas é certo que a obra ficada na Carmo ituana revela à primeira vista uma liberdade, uma firmeza e um prazer da vida, inexistentes nas telas da matriz. Especialmente nas do pintor de Jesus. Só por si, estas características determinam uma época de maior plenitude tanto pessoal como técnica.

Após haver concluído as obras da Matriz, que passaram a ser atribuídas pelo povo apenas a ele, Jesuíno seria convidado pelos padres do Carmo para decorar a igreja consagrada à Nossa Senhora da qual sempre fora tão devoto. Mário de Andrade não conseguiu documentos que lhe informassem a data em que isso aconteceu; apenas a certeza de que realmente fora ele o autor das pinturas de uma igreja que ficou sendo única no Brasil colonial, pois teve tetos e paredes, inteiramente revestidas de madeira, completamente decorados com pinturas a óleo. E, pelas características de alegria de vida que o que restou de toda essa pintura apresentava, concluiu que "foi a principal obra que Jesuíno Francisco de Paula realizou durante os anos em que viveu casado."[217]

Em 1918, as madeiras pintadas que recobriam as paredes, completamente corroídas pelos cupins, foram retiradas, tendo restado apenas o teto da capela-mor, uma Santa Teresa no teto da nave e um medalhão avulso do Menino Jesus de Praga. E foi isso que o pesquisador conheceu, constatando que no teto da capela-mor Jesuíno demonstrara originalidade na forma como conduzira a sua segmentação, pois jogara

> [...] nos ares um interminável festão verde, ricamente recamado de rosas [...], criando, um "brasileirismo" de decoração. Êsse é um jeito de enfeitar muito brasileiro, muito tradicional entre nós, aproveitando festões verdes e as flores com prodigalidade esbanjadora, tangente da ingenuidade e do mau-

---

[217] *Ibidem*, p. 137.

-gôsto. É uma gostosura que só dá para êsse teto uma aparência inusitada, como um sabor alegremente festa-de-arraial.[218]

Na expressividade dos olhares dos santos aí retratados, viu uma felicidade interior que parecia muito mais terrena do que celestial. Dizia considerar como sendo as "figuras-retratos das mais belas e expressivas da nossa pintura religiosa."[219]

E, além de Jesuíno Francisco ter fugido ao convencional, de ter ousado colocar entre os anjinhos um mestiço, também foi original quanto ao colorido da pintura do teto da capela-mor, que se mostrava completamente diferente de tudo o que se conhecia dentro da pintura religiosa do Brasil colonial, pois tratava-se de

> [...] uma coloração geral ensolarada, com predominância de um amarelo ardente, sem muita intensidade, talvez, sem "verticalidade", mas vibrante. Uma côr especialmente voluptuosa e feliz de que não conheço outro exemplar entre nós, nem mesmo na obra jesuínica.[220]

---

[218] ANDRADE, 2012, p. 143-144.
[219] Ibidem, p. 145.
[220] Ibidem, p. 146-147.

Figura 17 – Teto da Igreja Nossa Senhora do Carmo, em Itu, São Paulo

Fonte: foto de Juca Ferreira – acervo pessoal

Nesse momento, quando terminava a obra da Igreja do Carmo, enviuvou, com quatro filhos ainda muito crianças para cuidar e três irmãos menores e órfãos. Foi quando lhe ofereceram fazer a pintura da Igreja do Convento do Carmo na cidade de São Paulo. Para lá se mudou e acabou realizando, além da decoração pictórica dessa igreja, também a do teto da Ordem Terceira Carmelitana, quadros e um teto para o convento de Santa Teresa.

E, à p. 161 do capítulo IV dedicado à obra realizada em São Paulo, diz Mário de Andrade: "Seja como fôr, a obra paulistana de Jesuíno não parece gozar do mesmo desejo de vida feliz, e nem do mesmo cuidado técnico da Carmo ituana."

O teto da igreja do convento do Carmo, em São Paulo, foi completamente perdido, sem dele ter ficado sequer um registro fotográfico, e o que restou da pintura do convento do teto de Santa Teresa era, para ele, a obra mais fraca do pintor. Quanto aos dez quadros dos doutores da Igreja, também desse convento, Mário de Andrade não acreditava fossem de Jesuíno, tendo sobrado portanto apenas o que ficara na Ordem Terceira do Carmo, no teto da nave, da capela-mor e do coro. O primeiro não mais existia visível; o segundo, Mário de Andrade, o conhecera restaurado e, acreditava, modificado; o terceiro, imaginava ter sido elaborado quando o artista já era padre.

> A decoração que Jesuíno concebeu para o teto da Ordem Terceira não tem nenhuma grande originalidade conceptiva, mas já prova bastante a evolução do artista e a sua marca original de audácia.[221]

> Pinta com muito mais "amor" que o Jesuíno Francisco de Paula, acostumado a pintar tetos, de um ano antes. [...] No côro, Jesuíno ama particularmente os seus santos, e os pinta com um carinho que se é idêntico ao que pôs nas figuras da Carmo ituana, é mais seguro tècnicamente no desenho e desprovido de qualquer sensualidade terrestre.[222]

E sobre os beatos do teto da nave, diz Mário de Andrade, na página seguinte, que os considerava "a obra de maior vulto que nos ficou de Jesuíno Francisco. [...] Essas figuras ostentam o artista em sua felicidade plástica."

E continua o autor, nessa mesma página 185 e nas duas seguintes:

---
[221] *Ibidem*, p. 182.
[222] *Ibidem*, p. 183-184.

A meu ver, num artista tão psicológico em sua arte, foi um novo estágio de sensibilidade e espírito que o levou ao cromatismo novo, [...].

O artista se afirma na sua tendência para a figura-retrato, mas se desinteressa da interioridade psicológica [...] dos seus beatos. Nada mais daquele prazer extasiado, daquela alegria interior que êle nos contara na nobreza sacerdotal da Carmo ituana. As almas dêstes novos esquadrões celestiais são simplesmente anônumas, e desistiram de qualquer vida interior mais intensa. [...] será a obra mais plástica que Jesuíno nos deixou, a que menos se preocupa desenhìsticamente de contar, mas a que mais constrói e decora. [...] e com efeito, o que mais surpreende nessa teoria de beatos é a côr.

Nunca Jesuíno esteve tão exclusivamente pintura, considerada esta como essência estética da côr. Estamos longe daquela solaridade, daquela ardência daquele ar-livre mais valioso e original da Carmo ituana." Agora, "Uma coloração geral bastante sombria, não muito intensa, mais rica, que chega mesmo a uns verdes inesperados, simples mas de beleza atraente.

[...] é certo que nas duas figuras masculinas do côro paulistano [...] conseguiu os dois santos mais desenhados, mais perfeitos e mais fisionômicamente belos de tôda a sua obra de até agora. E são tôdas figuras calmas, de esplêndida paz interior.

Figura 18 – Teto da nave da Igreja Nossa Senhora do Carmo, em São Paulo

Fonte: foto de Percival Tirapeli – acervo pessoal

Figura 19 – Teto da nave da Igreja Nossa Senhora do Carmo, em São Paulo

Fonte: foto de Percival Tirapeli – acervo pessoal

Figura 20 – Teto da nave da Igreja Nossa Senhora do Carmo, em São Paulo

Fonte: foto de Percival Tirapeli – acervo pessoal

Figura 21 – Teto da nave da Igreja Nossa Senhora do Carmo, em São Paulo

Fonte: foto de Percival Tirapeli – acervo pessoal

Figura 22 – Teto da nave da Igreja Nossa Senhora do Carmo, em São Paulo

Fonte: foto de Percival Tirapeli – acervo pessoal

Figura 23 – Teto da nave da Igreja Nossa Senhora do Carmo, em São Paulo

Fonte: foto de Percival Tirapeli – acervo pessoal

No capítulo V, Mário de Andrade discorre sobre a igreja de Nossa Senhora do Patrocínio, o templo de que o Padre Jesuíno se ocupara na sua totalidade, desde o projeto arquitetônico até a parte decorativa e as músicas, compostas para as festividades da inauguração. No entanto, enfocará a pintura aí encontrada, iniciando o capítulo com a referência aos oito quadros de santos que aí haviam restado e que: "nos deixam tomados de espanto e comoção. Serão decerto pintura da mais individualistamente psicológica, de quantas conheço em nossa vida colonial."[223]

---
[223] ANDRADE, 2012, p. 197.

Figura 24 – Aquarela de Miguel Arcanjo B. Dutra da Igreja de Nossa Senhora do Patrocínio, em Itu, São Paulo

Fonte: domínio público – acervo Museu Republicano Convenção de Itu/SP

Figura 25 – Padre Jesuíno do Monte de Carmelo – Tela de São João da Cruz na Igreja do Patrocínio, em Itu, São Paulo

Fonte: foto de Juca Ferreira – acervo pessoal

Figura 26 – Padre Jesuíno do Monte de Carmelo – Tela de São Simão Stock na Igreja do Patrocínio, em Itu, São Paulo

Fonte: foto de Juca Ferreira – acervo pessoal

Figura 27 – Padre Jesuíno do Monte de Carmelo – Tela de Santa Tereza na Igreja do Patrocínio, em Itu, São Paulo

Fonte: foto de Juca Ferreira – acervo pessoal

Figura 28 – Padre Jesuíno do Monte de Carmelo – Tela de Maria da Encarnação na Igreja do Patrocínio, em Itu, São Paulo

Fonte: foto de Juca Ferreira – acervo pessoal

Falou deles como sendo parte do testemunho de um homem que sofria. Não mais o brilho colorido e iluminado de sol e de claridade, chegando a tocar os sentidos de quem o via, do teto da igreja do Carmo de Itu; não mais o colorido, embora sóbrio, mas testemunho do amor que Jesuíno devia sentir pelos seus santos, aqueles dos quais retratara a calma e a paz interior, e que haviam ficado na cidade de São Paulo. Agora, Mário de Andrade se via defronte de um pintor que contava, e que, contando, criara um desenho confessional. Eram testemunhos de sentimentos torturantes, tanto nas vestes de intensa flexibilidade barroca como nos rostos reveladores de sofrimentos atrozes. E mais curioso ainda foi para ele ter descoberto que, dos três santos retratados, São João da Cruz, São Simão Stock e Santo Anido, dois deles tinham o mesmo rosto, e das cinco santas retratadas apenas uma delas, a Santa Teresa, apresentava um rosto diferenciado. Isso o intrigava bastante: que explicação poderia existir para tal fato? Então, comparando uma das aquarelas do pintor Miguel Arcanjo Benício da Assunção Dutra, aquela em que fora retratado um dos filhos do Padre Jesuíno, o Padre Elias do Monte Carmelo, com as dos santos do Patrocínio, descobriu a identidade de fisionomias: pareciam gêmeos. A partir daí, concluiria que os dois santos de fisionomias iguais poderiam ser dois dos filhos do Padre Jesuíno, e o terceiro santo, de fisionomia diferente, seria o terceiro dos filhos (ou o contrário, como disse à p. 125, "[...] pra despistar ..."), e que a santa Teresa, de fisionomia diferente das demais, seria o retrato da filha, a irmã Maria Teresa do Monte Carmelo.

Figura 29 – Padre Jesuíno do Monte Carmelo

Fonte: domínio público – Enciclopédia Itaú Cultural

Figura 30 – Aquarela de Miguel Arcanjo B. Dutra – Padre Elias do Monte Carmelo

Fonte: domínio público – acervo Museu Paulista (USP)

Todas essas conclusões, para Mário de Andrade, acabaram sendo reforçadas pelos traços de mestiçagem, identificados nos quatro retratos: nos três masculinos, mais evidentes, e no de Santa Teresa, apenas sugerido.

Lembrou-se então da pintura da igreja do Carmo em Itu, e aí ousou mais ainda: os rostos do Menino Jesus de Praga e o de um dos anjinhos do forro da nave da capela-mor eram o mesmo. Esse anjinho se encontrava na composição de um grupo de quatro anjos, e um deles, o que lhe ficava em posição oposta, era sem dúvida um pardo, pelos cabelos e pela coloração do corpo.

> [...] escuro, dum pardavasco insofismável. Não padece dúvida de que a intenção de Jesuíno Francisco foi se defender e aos seus, conquistando aos mulatos, com essa preliminar pictórica, um cantinho no reino dos céus. Jesuíno fêz jurisprudência", como se diria em linguagem jurídica, ou "criou um precedente" como ripostaria a linguagem dos pareceres

> burocráticos. Jesuíno pôs um anjo mulato em perfeita igualdade com os serafins da alvura bíblica.[224]

E quanto aos outros dois anjinhos do mesmo grupo, os considerava de rostos muito particularizados, se comparados a todos os outros que ornamentavam a decoração do teto da nave do altar-mor. Teria ele aí também retratado os filhos pequenos, uma vez que todos eles apresentavam cabelos escuros e três deles tinham cabeleiras com características bem mestiçadas?

Havia ainda mais um anjinho, junto ao grupo do escapulário, que, embora de pele clara, era de tipo mestiço e cabelo crespo.

Além de todos esses casos de mestiçagem na pintura do Padre Jesuíno, Mário de Andrade citará mais um, observado ainda nesse mesmo forro da Igreja do Carmo em Itu: entre os beatos felizes retratados, um deles, de traços diferentes dos demais, era um mestiço ousando até afirmar que se tratava de um negro:

> [...] apesar da côr disfarçada.

> Essa é a minha convicção. Jesuíno foi um indivíduo perseguido conscientemente pela sua condição de mulato e filho espúrio. Isso lhe determinou parte da vida e da obra.[225]

E assim, ao retratar os quatro filhos, ainda crianças ou já adultos, o padre teria mostrado a ambição de uma genealogia familial.

No capítulo de número VI Mário de Andrade expõe as conclusões às quais chegara após tantos anos de pesquisa e trabalho. Logo no início esclarece que, do seu ponto de vista, a obra do Padre Jesuíno não poderia, de forma alguma, nem ser comparada com a europeia, nem com a brasileira erudita, pois se mostrava diferente, fruto de uma "personalidade impositiva", como afirmava à p. 221. Se fosse comparada com a arte europeia, ser-lhe-iam atribuídas deficiências:

> [...] de desenho, de composição, de cromática mesmo. Mas em compensação a obra do padre mantém uma unidade conceptiva e evolutiva tão forte, um "ideal" perseguido e realizado com tamanha pertinácia, que não me parece possível atribuir as deficiências comparativas dela a uma incapacidade pessoal do artista, e nem mesmo à ignorância, embora esta existisse. Eu percebo, de preferência, um prescindir de

---

[224] *Ibidem*, p. 207-208.
[225] *Ibidem*, p. 210-211.

tradições impostas, um não-ver necessário para necessariamente poder refletir exigências íntimas pessoais e sociais.²²⁶

E defendia a tese de que tal procedimento, nas obras do leigo Jesuíno Francisco, ou nas do Padre Jesuíno, seria resultado de uma semiconsciência porque, pelo próprio sentimento de religiosidade que vivenciava e pela humildade que esta lhe impunha, não poderia o artista ter desejado fazer tudo o que fez. E se esse, como disse Mário de Andrade, "não-pensar" teria impedido que ele pudesse adquirir uma consciência estética,

> [...] lhe permitiu a expressão duma personalidade psicológica do mais alto interêsse na arte brasileira colonial. E penso que assim foi melhor. Arroubado, se deixando levar pelos instintos e formas da vida, o padre Jesuíno do Monte Carmelo deixou uma obra singularmente "romântica" confessional. Porventura a obra mais típica do marginalismo mulato e de individualismo, da nossa arte colonial já estudada.²²⁷

Assim como o Padre Diogo Antonio Feijó dissera que a obra do Padre Jesuíno assinalava "os diferentes períodos de sua piedade para com Deus" na citação já referida neste capítulo, à página 145, para Mário de Andrade ela deveria ser dividida em quatro fases distintas, cada uma delas correspondente a um momento bem determinado e definido de sua vida: a da juventude, a da primeira plenitude, a dos tempos de São Paulo e a da Igreja de Nossa Senhora do Patrocínio.

A da juventude, a do aprendiz, teria apresentado o resultado de uma produção que não mostra suas características pessoais: eram os quadros da Matriz de Itu.

A outra, a da primeira plenitude, testemunhava a força do homem, casado e com filhos, momento em que sua personalidade artística "se expande profanamente e expressa uma esplêndida euforia vital."²²⁸

Dessa fase teria resultado a obra pictórica da Igreja do Carmo de Itu, que evidenciava naquele momento a sua felicidade pessoal. Embora as pinturas expressassem isso, mostravam também que Jesuíno, como mestiço, se revoltava contra as discriminações sociais, pois em gesto de vingança, na interpretação do pesquisador, acabara se utilizando da pintura para colocar

---

²²⁶ *Ibidem*, p. 221.
²²⁷ *Ibidem*, p. 223.
²²⁸ *Ibidem*, p. 224.

no céu do teto da capela-mor, negros e pardos em posição de igualdade aos brancos. Considerava essa a sua fase mais original, mas não a mais pessoal.

A terceira teria lhe possibilitado vivenciar mais plenamente a forte inclinação para a religiosidade, uma vez que suas obras expressavam intensa calma interior e busca de um refinamento estético em que a preocupação pela expressão psicológica fora substituída pela expressão decorativa. Momento em que, em São Paulo, preparava-se para ser padre e, depois, ordenara-se.

Finalmente a quarta, aquela que demonstrava o padre dramático, fase que não mais expressaria nem a euforia e nem a paz, mas mostraria uma obra confessional, testemunho do estado psicológico de seu criador. São santos que sofrem, e sofrem muito. A pintura teria passado, então, a ser muito mais desenho, e ele praticamente abrira mão do uso da cor. Foi quando "O transbordamento da personalidade dominou o pintor."[229]

É aí que estabelece comparação entre o Padre Jesuíno e o Aleijadinho, tendo evidenciado as diferenças entre os dois: a genialidade do Aleijadinho seria a expressão da síntese brasileira, enquanto com o Padre Jesuíno isso não acontecera, uma vez que ele não representara síntese alguma.

> É um conjunto desesperado de espécies contraditórias. Êle não adere à mestiçagem brasileira, antes, é um protótipo de grupo abatido que se revolta. Não adere à universalidade e ao colonialismo do Catolicismo enquanto religião. É um místico individualista, que crê em Deus e ama os santos, proselitista como em geral os místicos, e que briga com o ethos religioso do sacerdócio de então, contradiz e se contrapõe à moral das ordens religiosas impostas pelo colonizador ditatorial, se contrapõe à própria universalidade religiosa do Catolicismo, com as visagens do Patrocínio.[230]

Era um barroco, sem dúvida, mas um barroco especial, diferente, sem o estilo universal da escola, cujas obras representariam "uma realidade cultural inferior."[231]

Para ele, não se tratava, nem de uma arte erudita, nem folclórica; classificou-o como artista popularesco, muito urbanizado que, por causa disso, acabara por se mostrar um pintor culto que não tivera cultura. Nesse aspecto, um protótipo da cultura artística brasileira de seu momento, da cultura artística de uma Colônia que nem sempre tivera acesso às regras

---
[229] Ibidem, p. 228.
[230] Ibidem, p. 228.
[231] Ibidem, p. 229.

europeias; ressaltava que o Padre Jesuíno fugira ao que se costumava considerar genericamente como um "pintor" à sua época, já que se especializara em pintar apenas "o que as belas-artes chamam de pintura."[232]

No entanto, após ter demonstrado tanto entusiasmo e envolvimento pela vida e pela obra do artista que pesquisava, ao finalizar a conclusão Mário de Andrade terminou dizendo que o considerava um fracassado em tudo, menos na pintura, a arte em que demonstrara, com bastante evidência, que "só sabia, e sem querer, se biografar a si mesmo."[233]

A intencionalidade na obra marioandradina

Há aqui, seguramente, uma visível contradição: anos dedicados a um estudo que o apaixonara, elogiosas admirações durante todo o texto ao seu biografado e, no final, crítica tão dura e cruel.

Personalidade em constante movimento, sempre se preocupando em transformar, em renovar, em criar, é o que provam os seus escritos. Por meio de uma impressionantemente extensa correspondência, entende-se o quanto colocava objetivos muito bem definidos em sua trajetória de criação artística e de intenções preconcebidas, bem como percebe-se o quão intensamente viveu e documentou os momentos de crise, constantes fases de revisão de vida e de postura diante de uma nova obra.

Escritor versátil e original, múltiplo nos pensamentos que expressava, sua versatilidade estava, muitas vezes, determinada pelas intenções do momento em que escrevia, e do que pretendia alcançar com aquilo em que trabalhava.

De acordo com Manuel Bandeira, as cartas enviadas a todos os amigos, bem como as respostas dirigidas a jovens escritores que o procuravam como orientador, servirão muito para "melhor avaliação das idéias e intenções contidas na vasta obra de Mário de Andrade."[234] E continua o citado escritor, à página X:

> [...] contradições ou diversidade de direções em que se movia dialeticamente o seu espírito, de absoluta integridade, mas sempre seduzido pela tentação de penetrar no avesso das questões já destrinchadas pelo direito. E que, por sinal, assim

---

[232] *Ibidem*, p. 229.
[233] *Ibidem*, p. 227.
[234] ANDRADE, 1982, p. IX.

se definia, num alexandrino célebre: "Eu sou trezentos, sou trezentos-e-cinqüenta."

De Manuel Bandeira também se encontra:

> Mas tomemos ao fundo das cartas. Muita gente ignora que as opiniões sustentadas por Mario decorriam freqüentemente não de convicção, mas de pragmatismo ocasional. Houve ocasião em que deu para atacar Beethoven, que era compositor muito de sua admiração, só porque no momento convinha combater a mania de Beethoven. Também combateu a Europa e explicou-me: "não porquê (acentuava sempre o porquê) deixe de reconhecê-la ou admirá-la, mas pra destruir o europeismo do brasileiro educado." E acrescentava satisfeito: "Sou o maior chicanista da literatura brasileira! Mas juro que chicaneio pra benefício dos outros." Estas cartas, escritas em toda a pureza de coração, ensinarão a ler a obra de Mario com as necessárias cautelas.[235]

Pedro Nava assim se expressa a respeito desse mesmo assunto:

> A correspondência extensiva de Mário de Andrade deve ser (re)conhecida como documentação que, além do seu interesse literário, seguramente irá ajudar, no futuro, a uma nova compreensão da sua *Obra*, do seu "corpus", a uma montagem da sua biografia e que vale também, e muito mais, como testemunho de um momento cultural brasileiro.[236]

E Prudente de Moraes, neto, na crítica que fez à *Escrava que não é Isaura*, em 1925, definia a personalidade do autor como sendo "variável, múltipla, desigual", acrescentando: "Essa capacidade de desprendimento e de renovação, indício de uma vida interior agitadíssima, é uma das grandes seduções que há em Mário de Andrade, um dos grandes merecimentos que ele tem."[237]

O fato inegável é que a sua "verdade" mudava de acordo com o momento em que vivia. Prova disso é o que dele se encontra, escrito para esse mesmo amigo, e ainda nesse mesmo ano: "uma coisa só existe na minha obra qe [sic] me orgulha verdadeiramente: a lógica necessária que ela tem

---

[235] ANDRADE, [s.d.], p. 14.
[236] ANDRADE, 1982, p. 13.
[237] KOIFMAN, Georgina. *Cartas de Mário de Andrade a Prudente de Moraes, neto – 1924 / 1936*. Rio de Janeiro: Editora Nova Fronteira, 1985. p. 130-131.

pra comigo em relação a tudo que é vida minha: <u>meu momento</u>, meu lugar, meu amor."[238]

No ano anterior, o de 1924, em carta dirigida a Drummond, criticara o excesso de seriedade, reflexão e serenidade que o amigo expusera em um artigo escrito sobre Anatole France, tendo ressaltado as virtudes que sem dúvida havia encontrado no texto, mas sugerindo-lhe abertamente que deveria ter ousado mais:

> Provou inteligência, provou critério. Mas não provou peraltice, vida, vitalidade, fraqueza juvenil. Você diz que foi injusto. Uma injusticinha apenas. Eu queria injustiça grossa, até mentira. Não fazia mal. Aos quarenta anos você concertava isso e Deus havia de recolhê-lo no céu dos justos.[239]

Era contraditório e confessava claramente essa característica que o acompanharia sempre, em muitos de seus trabalhos ou manifestos. Também não se poupava de expor aos amigos os erros e exageros com que, conscientemente, salpicava as suas obras, tudo feito de forma elaborada e premeditada. As correspondências a Pedro Nava, em carta datada de 1927, e a Augusto Meyer, no ano seguinte, testemunham isso:

> Você já sabe que não me amolo com contradições desque não sejam dentro do mesmo artigo ou livro, a gente tem direito de mudar[240].

> Não tem livro meu que não seja raciocinado friamente. Posso mesmo falar que não tem palavra em livro meu que não possua fôlha de julgamento. Sei porque faço assim e faço.

> [...] Portanto em tudo o que faço você bem vê tenho, até irritantemente, até odiosamente, intenção de fazer assim mesmo. [...] Chamo a atenção pra uma coisa porém não fico nela, vou pra diante.[241]

Bem mais tarde, em 1942, 14 anos depois, portanto, nas correspondências a Álvaro Lins e a Fernando Sabino, reforça o que expressara em 1928:

> É incontestável que sou um sujeito muito "consciente" do que faço. É sempre possível que eu esteja fazendo mais, ou

---

[238] *Ibidem*, p. 249, grifo meu.
[239] ANDRADE, [s.d.], p. 12.
[240] ANDRADE, 1982, p. 89.
[241] ANDRADE, 1968, p. 53-54.

> também menos, ou mesmo outra coisa do que pretendo fazer, mas a verdade é que tôda a minha obra e meus gestos estão sob o signo do Querer.²⁴²
>
> A obra se identifica com você, pois ela é tudo o que você é.²⁴³
>
> [...] a vida tem que ser, muito mais que um viver-se, um continuado repensar-se.²⁴⁴
>
> Exijo que você aceite meus exageros e até contradições. Afinal [...] estou apenas nos procurando viver milhor.²⁴⁵

E, à mesma página, continua explicando que fatos novos, quaisquer que fossem eles, poderiam fazê-lo "forçar a nota ou até mudar de opinião, tanto como um raciocínio novo ou uma atitude social."

Só será possível tentar entendê-lo como o fenômeno que foi, mergulhando-se nos anseios e preocupações expostos nas obras, ou nas cartas enviadas, documentos vivos de um espírito sempre voltado à dialética, constantemente alimentado de pensamentos que até se poderia considerar como sendo contraditórios, se comparados entre si.

Vivia sua obra como sendo sempre "preconcebida" e, em carta a Rodrigo Mello Franco de Andrade, ainda em 1942, declarava a preocupação constante de imprimir a toda ela "esse dinamismo e essa transitoriedade de um combate em vida."²⁴⁶

Para Paulo Duarte, suas cartas "fazem o retrato psicológico e intelectual de Mário e do Brasil do seu tempo",²⁴⁷ afirmando mesmo que o considerava "Múltiplo na atividade intelectual e na complexidade dos aspectos de sua personalidade, que tiveram relevo diferenciado ao longo das várias fases de sua vida."²⁴⁸

A respeito desse comportamento contraditório do intelectual modernista, também se pode citar, de Francisco Curt Lange:

---

²⁴² ANDRADE, 1983, p. 47.
²⁴³ ANDRADE, Mário de. *De Mário de Andrade a Fernando Sabino*. Cartas a um jovem escritor. 3. ed. Rio de Janeiro: Editora Record, 1981. p. 29.
²⁴⁴ ANDRADE, 1968, p. 33.
²⁴⁵ *Ibidem*, p. 42.
²⁴⁶ ANDRADE, 1981, p. 23.
²⁴⁷ DUARTE, 1977, p. 10.
²⁴⁸ *Ibidem*, p. 9.

> Muchas de las afirmaciones periodísticas de Mário de Andrade tienen el sello de la imperfectión o de la contradicción, propias de sua funciones e hijas de un espíritu curioso, que se ajustaba a determinados acontecimientos o fases de la vida cultural de su tierra. [...] una de las figuras mas peculiares, mas auténticas, [...].[249]

Após tantos testemunhos de diferentes intelectuais, é possível questionar-se sobre o que o próprio Mário de Andrade pensaria em relação à sua correspondência. Certo é que sempre pedira aos amigos mais íntimos que jamais a divulgassem, mas também foi ele mesmo quem, em 1944, no artigo "Fazer a História" disse: "Tudo será posto a lume um dia, por alguém que se disponha a realmente fazer a História. E imediato, tanto correspondência como jornais e demais documentos não 'opinarão' como nós, mas provarão a verdade."[250]

Nesse mesmo 1944, Mário de Andrade escreveu *O Banquete*, texto que, de acordo com comentários de Jorge Coli e de Luiz Carlos da Silva Dantas, surgiu em momento de intenso questionamento interno (importante reforçar que o ano era de 1944, quando estava finalizando a obra sobre o padre Jesuíno), refletindo "projeções conflituais interiores", suas "ambigüidades", nascidas "de suas contradições", e em que o autor, por meio das personagens, conseguiria "descarregar seu coração."[251]

Entre esses comentários, à p. 33, se lê: "Este aflorar de contradições é um autoquestionamento, uma dúvida contínua que não abandona Mário no fim de sua vida."

E o personagem Janjão, o compositor, considerado como porta-voz das angústias e incertezas de Mário de Andrade, refletirá um de seus questionamentos sobre o projeto nacionalístico, embasado na composição dos vários regionalismos, projeto esse que considera artificial, "macunaímico": um nacionalismo feito como uma colcha de retalhos", nas palavras de Jorge Coli e de Luiz Carlos da Silva Dantas, à p. 36.

Álvaro Lins, em 1946, ao escrever sobre o escritor modernista, dirá:

> As idéias, os sentimentos e os juízos de Mário de Andrade se modificaram diversas vezes no decorrer dos seus quase trinta anos de presença na vida literária, criando verdadei-

---

[249] LANGE, Francisco Curt. *In*: COLI, Jorge. *Música Final* – Mário de Andrade e sua coluna jornalística "Mundo Musical". Campinas: Editora da Unicamp, 1998. p. 370.

[250] ANDRADE, 1989, p. 6.

[251] ANDRADE, 2012, p. 16.

ras fases na história do seu pensamento. Ele não tinha, na verdade, o mais tolo dos medos que é esse de parecer mais tarde contraditório.[252]

Examinando atentamente grande parte da obra que o escritor modernista dedicou às análises elaboradas a respeito dos mais diferentes assuntos e da sua correspondência, pode-se perceber que permeando toda ela, desde as produções iniciais, até as datadas, de 1944, se encontram momentos nos quais registrara forte sentimento de paulistanidade, sentimento esse que se mostraria mais intenso e explícito nos conturbados períodos de crise política vividos por São Paulo, mas que não o abandonariam também nos momentos de calmaria.

Assim é que, já no ano de 1924, em análise que fazia sobre o livro *Estudos Brasileiros*, de Ronald de Carvalho, revoltava-se com o fato de o autor não haver explicitado que o modernismo na literatura havia se iniciado em São Paulo, pois omitira os nomes dos escritores engajados nesse movimento, e dessa forma se expressava:

> Outra injustiça ainda mais grave e irritante é aquela sobre arquitectura moderna. Esquecer o movimento neo-colonial de São Paulo, esquecer, ou por outra equiparar a arquitetura, o progresso desta em São Paulo ao do Rio é inconcebível em quem tenha algum conhecimento digerido do assunto e não tenha part-pris. E quando a gente vê que falando de plástica Ronald enumera os modernistas e falando de literatura deixa de os enumerar, é fatal, vem á (sic) lembrança as sutis espertezas da diplomacia. Exclusivismo regionalista, diplomacia, esperteza em não indicar que o movimento modernizante brasileiro partiu inteiro de São Paulo.[253]

E no ano seguinte, 1925, escreve a Manuel Bandeira, em verdadeiro desabafo contra os cariocas:

> O que são as vaidades, meu Deus! Essa gente do Rio nunca perdoará a São Paulo ter tocado o sino. Não falo de você. Você não é do Rio. Você já é como eu: do Brasil. Falar nisso acho que vou escrever um poema com êste nome: Louvação de meu Estado Natal.[254]

---

[252] ANDRADE, 1983, p. 22.
[253] ANDRADE, [s.d.], p. 59.
[254] ANDRADE, 1982, p. 58.

Logo após, à página 67, encontra-se justificava sobre a preocupação que tinha naquele momento de não "escrever paulista", uma vez que o projeto no qual se encontrava engajado era "brasileiro e nacional":

> Você diz por exemplo que eu em vez de escrever brasileiro estou escrevendo paulista. Injustiça grave. Me tenho preocupado muito com não escrever paulista e é por isso que certos italianismos pitorescos que eu empregava dantes por pândega, eu comecei por retirar todos eles da minha escrita de agora. Mais tarde vamos ver o que a gente pode aproveitar dêles. Por enquanto o problema é brasileiro e nacional.

O ano de 1925 se mostrou como sendo o momento em que a maior preocupação da Revolução Modernista era a de causar muito impacto, bem como o fato de que o objetivo principal e conjunto dos intelectuais nela envolvidos, o de "abrasileirar" o Brasil. Será que, realmente a nacionalidade estava acima de tudo ou apenas fazia parte de um movimento elaborado conscientemente por grupo de vanguarda e, entre eles, Mário de Andrade, aquele que mais tarde se reconheceria ter sido dos mais empenhados na luta da renovação artística e literária? Será que assim não acontecera apenas porque aquilo se fazia necessário naquela fase de afirmação do movimento?

Ainda sobre o tema nacionalidade, no mesmo ano de 1925, pode-se encontrar nas cartas endereçadas ao amigo Carlos Drummond de Andrade: "Quanto à nacionalidade, Carlos, fique sossegado. Sou o minimamente nacionalista que é possível a gente ser neste mundo. Me contento em ser brasileiro que é coisa muito mais importante pra mim que ser nacionalista."[255]

Não deixava de exaltar também o resultado que havia surgido do desbravamento de Minas Gerais pelos bandeirantes: "Minas como grande parte do Brasil interior é fruta que os bandeirantes produziram pro Brasil litorâneo."[256]

E nesse mesmo ano de 1925, jovem ainda, já expunha com clareza e discernimento a Prudente de Moraes, neto, os sacrifícios conscientes que fazia em sua vida literária, simulando comportamentos e atitudes que sabia não serem seus, com o único objetivo de encorajar os outros escritores:

> Minha vida [...] tem sido um constante sacrifício de mim mesmo pelos outros. [...] Não pretendia publicar Pauliceia, publiquei pra dar a outros a coragem deles mesmos. Pensei

---

[255] ANDRADE, [s.d.], p. 42.
[256] *Ibidem*, p. 50.

> em tirar os exageros, não tirei porquê tornava aceitáveis os menos exagerados de outrem. Depois de conseguir uma lingua como queria com a Escrava que francamente está muito bem escrita, abandonei ela pra começar com uma lingua bamba, incerta, penosa, difícil de organizar, incerta interrogativa pra dar pros outros a coragem e milhor e mais livre futuro. Minha arte nem é bem arte porquê vive arreada dum mundo de preocupações interessadas não pra mim o que seria justificável, porêm pros outros. Não faço arte, ensino. Pode ser que ensine mal, porêm a intenção é de ensinar bem. Só em Pauliceia fiz arte desarreada de intenções. Todo o resto até agora e creio que até o fim por mais aparencia de arte que tenha tem pra mim destino diferente do de arte.[257]

E à página 240, encontra-se o testemunho de um escritor entusiasmado: "E mandem contar, mandem, como gostaram do Clan. Para mim esse livro tem um mérito pessoal muito grande. Me libertou do Brasil. Agora tenho a impressão de que vou ser mais eu, sem tese de Brasil."

O ano de 1927 foi o da grande viagem ao norte, até o Amazonas e o Peru. Em *O Turista Aprendiz*, livro escrito a partir do diário de viagem, Mário de Andrade assim se expressaria: "Que eu tivesse que escolher uma pátria de-certo não escolhia o Brasil não, eu homem sem pátria graças a Deus. Tenho vergonha de ser brasileiro... Mas estou satisfeito de viver no Brasil... O Brasil é feio mas gostoso."[258]

A publicação do trabalho sobre o Aleijadinho aconteceu em 1928, e nele não se pouparia de um comentário irônico sobre a capital do Brasil, o Rio de Janeiro, para ele a cidade da burocracia e dos empregos públicos:

> O Rio de Janeiro é a maior homenagem que oferecemos ao tropical instinto burocrático da nacionalidade. Não correspondendo a nenhuma confluência econômica, a nenhuma necessidade industrial ou comercial do país, usando (e abusando um bocado também) da sua posição geográfica, o Rio de Janeiro cumpre estrategicamente a sua sinecura lustrosa de capital da Colônia e da Nação independente.[259]

Também ainda nesse ensaio, à p. 13, aproveitava-se de referência à cidade de Caeté, em Minas Gerais, para exaltar o colonizador "emboaba": "Mesmo Caeté, um bocado mais tardonha (1757), era pelo tamanho guaçu,

---
[257] ANDRADE, [s.d.], p. 122-123.
[258] ANDRADE, 1983, p. 316.
[259] ANDRADE, 1984, p. 11.

um bruto dum munhecaço emboaba atordoando a consciência nacional nascente."

Entre 1929 e 1930, em algumas crônicas reunidas em *Táxi e Crônicas no Diário Nacional*, mais uma vez se evidencia a revolta contra o Rio de Janeiro e os cariocas:

> Ninguém poderá dizer que o Retrato do Brasil seja uma obra de especulações estéticas, nestes últimos tempos, que livro causou impressão mais profunda no Brasil que o do Paulo Prado?
>
> Olhando São Paulo é mesmo que a injustiça carioca inda ressalta mais.[260]

Em outra crônica, à página 294, depreciativamente consideraria a capital do país como sendo a "cidade do emprego", não tendo se poupado mesmo de exaltar São Paulo, este sim o estado que propiciara a eclosão do movimento modernista, só após ele, aceito e seguido em outros estados. Também falaria do bandeirismo paulista ao qual atribuía o agenciamento da "imensa nação brasileira 'desengonçada'", tendo ressaltado a "constante entrega de homens ao Brasil"[261] que fora a história de São Paulo.

Fértil se mostra essa obra no que diz respeito ao que se objetiva expor neste momento do trabalho, uma vez que só em relação ao ano de 1931, podem ser encontradas cinco citações diferentes, todas elas e cada uma à sua forma enaltecendo o seu Estado de São Paulo, tão criticado pelos brasileiros de outros estados, dizia ele, por simples despeito pela superioridade que sempre demonstrara:

> Pelas minhas viagens já bastante pormenorizadas por muitas partes do Brasil, é mesmo verdade que existe um sentimento geral contra São Paulo em Brasileiro. Esse sentimento não é tanto fruto da maneira paulista de ser, muitas vezes ofensivamente idiota, mas resultante do fatal e indispensável despeito de irmão mais pobre por irmão mais rico, se queixa do mesmo e não tem importância. Tanto mais não tem importância que diante de estranho, ou nos momentos agudos de validar a nacionalidade, o fenômeno, o exemplo de São Paulo está em primeiro lugar na boca de todos.[262]

---

[260] ANDRADE, 1976, p. 160.
[261] *Ibidem*, p. 285.
[262] *Ibidem*, p. 330.

> Durante três séculos os paulistas correram o país todo, catalisando o sangue que os outros jorravam, em coisa menos luminosa que o Ideal.[263]

Na crônica "Semântica do Paulista", à página 396, mostra verdadeira apologia aos paulistas, a pretexto de pesquisa sobre o significado dessa palavra. Já no início o autor se anunciava não tão paulista assim, dizendo-se "brasileiro"; no entanto, tendo discorrido sobre os mais variados significados da palavra, chegou até a literatura dos viajantes, referindo-se primeiro ao português Dr. Lacerda e Almeida, que realizara viagens tanto ao extremo norte do Brasil como às monções, desde Mato Grosso até São Paulo. Tais escritos, datados do ano de 1788, falam muito mais sobre os paulistas do que sobre os brasileiros das outras regiões do país, considerando-os como pessoas "que fazem S. Paulo famigerado, gente de 'hospitalidade', liberalidade, candura, ingenuidade, brio, honra e valor nas ações militares."

Há que se considerar que tanto o ano de 1931 como o de 1932 devem ter sido marcantes para o paulista Mário de Andrade, pois vira o estado praticamente ser invadido por gaúchos e nordestinos, o "seu" estado a que, em carta de 1932 a Carlos Drummond de Andrade definira como sendo "o coração mais sensível do Brasil".[264]

Rancoroso com a ocupação gaúcha acontecida em 1930, e a nordestina após ela, finalizaria expressando o amor à sua terra e ao seu povo, e a repulsa e o rancor que às vezes chegava a sentir pelo Brasil: "Por mim, com o meu nome, mesmo agora que amo consanguìneamente minha terra e meus paulistas, e o Brasil é pra mim apenas um fantasma indesejável que quase me repugna, de que tenho às vezes rancor, [...]."[265]

Em janeiro desse mesmo 1932, na crônica "Alma Paulista", assim se expressa: "Nós tínhamos uma pátria... Inda temos, é o Brasil. Mas o que é 'pátria' agora?"[266]

E em "Cataguases", outra crônica também de 1932, com amargura desabafa em relação à censura que o Rio de Janeiro ainda imprimia à literatura provinciana, apenas muito raramente difundida e somente se a Corte assim o consentisse:

---

[263] *Ibidem*, p. 396.
[264] ANDRADE, Mário de. *71 cartas de Mário de Andrade* – coligidas e anotadas por Lygia Fernandes. Rio de Janeiro: Livraria São José, [s.d.]. p. 75.
[265] ANDRADE, [s.d.], p. 78-79.
[266] ANDRADE, 1976, p. 492.

> O movimento modernista que arejou tanto as artes brasileiras, e lhes deu tantas, e às vezes tão exageradas liberdades, teve como conseqüência muito importante uma circulação mais legítima das literaturas provincianas, com enfraquecimento visível do poder central da Corte. Isso parece até uma profecia... De princípio, se algumas figuras isoladas vivendo na província, conseguiam se impor ao conhecimento geral dos brasileiros, isso não apenas era muito raro, como derivava dum consentimento da Corte. Essas figuras alcançavam a benevolência do Rio de Janeiro, e do Rio de Janeiro é que irradiavam pro país todo.[267]

À página 594 de *Táxi e Crônicas no Diário Nacional*, na crônica "PRAR", em tom entusiasmado e orgulhoso, se referia à função histórica do paulista, difundida a todos por meio da Rádio Record.

E em "Abril", outra crônica, esta porém publicada em *Os filhos da Candinha*, depreende-se momento de reflexão dentro do seu intenso "paulistismo", em manifesta tentativa de distanciar-se dos barulhentos "invasores cheios de vozes e gesticulação":

> Vamos fugir de norteamericanos, intalianos (sic) e nortistas, que são gentes cheias de vozes e gesticulação. Vamos cultivar com paz e muita consciência, nossas rosas, ruas, largos e as estradas vizinhas. Calmos, vagarentos, silenciosos, um bocado trombudos mesmo, nessa espécie tradicional de alegria, que não brilha, nem é feita pra gôzo dos outros. Vamos escrever o nosso paulistismo, famoso, em sua expressão maior, abril.[268]

Após a derrota de 1932, o sentimento de amargura era tão forte que, sofrido e revoltado, escreve a Drummond expondo até ideias de separatismo:

> Mas tanto esforço, tanta vontade de iludir, tanta raiva a princípio fingida, tanta verdade duríssima não ficou sem seu castigo. Aos poucos eu mesmo me convertia num patriota e num patrioteiro. Se em nenhum tempo eu me recusei a essa coisa incompreensível que é querer bem a terra em que se nasce e a gente de que se é nascido, até que ponto isso admite o ser que sou agora, nem posso julgar. Talvez tudo passe, não sei. Mas agora tenho um orgulho contundente de S. Paulo. E a verdade me ajuda nesse orgulho! A verdade do que fomos e do que fizemos, a verdade do que ficamos historicamente simbolizando, a verdade da derrota, tão mais

---

[267] *Ibidem*, p. 549.
[268] ANDRADE, 1943, p. 52.

> cômoda. Agora eu sou paulista. Não sinto o Brasil mais e ainda não readquiri a minha internacionalidade. Retrogradei vinte anos de minha vida. Voltei ao menino estudante que inda tinha senso político de pátria. E minha pátria é S. Paulo. E isso não me desagrada!... [...]
>
> Você, Carlos, perdoe um ser descalibrado. Este é o castigo de viver sempre apaixonadamente a toda hora e em qualquer minuto, que é o sentido da minha vida. No momento, eu faria tudo, daria tudo, pra S. Paulo se separar do Brasil. [...] Dá uma satisfação, dá uma separação tamanha na gente se sentir paulista, não, você não pode imaginar, é um egoísmo fulgurante.[269]

O ano de 1933 encontrará em Mário de Andrade apenas uma expressão de paulistanidade, uma única, mas sintetizada em emocionado grito de insubmissão:

> Vamos dar um basta nisso. Não prometam, dêem. Dêem um estatuto só para nós, pois que somos diferentes mesmo, e sobretudo não venham mais brigar na terra da gente, fazendo êsse martirizado São Paulo de campo de suas guerrilhas de roubo [...]. Vão brigar na terra dêles, [...].
>
> São Paulo não esquece, não transige e não perdoa.[270]

Tão intensa expressão de comoção política se abrandaria após os movimentos políticos e, em 1934, voltaria a refletir sobre si mesmo e seus conflitos interiores. E assim escreve em carta a Rosário Fusco, dizendo que se considerava como: "uma fera enjaulada por dentro",[271] acrescentando que precisava sempre estar recalcando e reprimindo os impulsos interiores, pois só assim conseguia ocultar e disfarçar sua autenticidade.

A partir de 1937, novamente referências elogiosas ao estado de São Paulo, pois nas *Cartas de Trabalho*, discorrendo sobre visitas a cidades onde se encontravam monumentos em ruínas, monumentos esses que sem dúvida mereceriam ser restaurados, e referindo-se à falta de dinheiro e de cultura no Brasil, o que ocasionaria a quase impossibilidade de se esperar

---

[269] ANDRADE, [s.d.], p. 179-180.
[270] DUARTE, 1977, p. 147.
[271] CASTRO, 1989, p. 91.

um auxílio do governo federal, acrescentava: "Está claro que a coisa pode se harmonizar em São Paulo... o rico (!), de várias maneiras."[272]

Em 1939, em crônica, assim exporia os seus sentimentos de municipalista: "Ainda encompridei a idéia, acrescentando qualquer coisa sobre o sentimento perfeito que tínhamos da 'inexistência dos limites estaduais' (não sou centralista, sou municipalista, mas não fazia mal me trair em palavras). E acabei o discurso."[273]

E em 1944, outro elogio a São Paulo, a provinciana capital que ousara propor e assumir a maior transformação na arte brasileira:

> Pois é. Voltando à arte: a maior conquista do modernismo brasileiro foi sistematizar no Brasil, como princípio mesmo de arte, o direito de errar. Quando a gente estuda a psicologia dos artistas brasileiros anteriores ao 1920 de São Paulo, percebe nítido que a preocupação deles foi sempre fazer não propriamente o já feito, o já tentado, mas o fixamente definido.[274]

Sabe-se que também nesse mesmo 1944 é que Mário de Andrade finalmente concluiria o trabalho sobre o Padre Jesuíno do Monte Carmelo.

Tão grande resultou essa pesquisa em envolvimento emocional do escritor com seu biografado, que se acaba por depreender, não apenas nas sutilezas das entrelinhas, como também nas palavras claramente colocadas, apaixonada exaltação de São Paulo, e até ostensiva defesa de preconceitos que ainda existiam contra o seu estado, o provinciano São Paulo. Pode-se até depreender, mesmo, forte sentimento de paulistanidade, latente em trechos de sua correspondência e parte da obra, mas que agora se manifestava quase abertamente assumido.

É certo que durante toda a vida sempre se mostrara um idealista no projeto de resgatar tudo o que fosse autenticamente popular para, assim, "formar" o conceito de Pátria como ele o concebia: "patrializar-se para universalizar-se". No entanto já se demonstrou também que na maior parte das vezes sufocava as reais intenções, com o único objetivo de fazer de sua arte um instrumento de apoio aos companheiros que não haviam conseguido ainda ousar, que não se arriscavam a propor mudanças muito radicais. Não o preocupavam a censura, o escândalo ou os reflexos econômicos que para

---

[272] ANDRADE, 1977, p. 71.
[273] ANDRADE, 1943, p. 90.
[274] ANDRADE, 2012, p. 75.

ele disso decorriam; o que o norteava sempre eram os seus projetos, projetos que, se aceitos, acabariam resultando em mudanças profundas com relação à estética, à arquitetura, à literatura, à língua e à sintaxe tradicionais.

O longínquo 1922 apenas conhecera inovações de alguns artistas engajados em um movimento de vanguarda que, feito bomba, explodira no meio artístico e no intelectual, já influenciados pela escandalosa exposição de telas de Anita Malfatti, em 1917. Aos poucos, o projeto de alguns, de movimento isolado e até marginal, se transformara, passando a ser um estado de espírito que influenciaria a coletividade e se disseminaria por meio de várias regiões do país. O ideal de alguns poucos, no início, visto até como "aberração", tão diferente pareceria em torno de 1930, pois acabaria por ser aceito como normal e, consequentemente, admitido. A vanguarda se tornara "padrão"; havia algo como um retorno à ordem, e o grupo modernista acabara por conseguir a desejada revolução estética.

Jorge Coli, em *Música Final,* sugere que se faça "uma revisão das perspectivas nacionalistas" na obra do escritor modernista, que demonstrara sobejamente não ter conclusões fechadas sobre determinados assuntos. Diz que se pode perceber que Mário de Andrade, com o passar do tempo, se mostraria "mais preocupado com o criador e menos com a obra. [...] Pouco a pouco, a obra passa a ser a expressão de um "eu" tão cada vez mais forte, que ele se torna, para o próprio artista, mais importante do que a própria obra."[275]

Refere-se também ao que denomina de "crise abaladora" em que vivia Mário de Andrade nos anos que vão de 1943 a 1945:

> Crise do artista, [...]; crise de sentimentos [...]; crise da inteligência que deixou muitas de suas certezas no passado e que revê, sem piedade, os antigos movimentos de vanguarda dos quais foi promotora e que se move, dilacerada, num terreno complexo e delicado.[276]

Fora o próprio escritor quem, no ano de 1942, dissera a Murilo Miranda, a respeito da "sua verdade": "vocês não sabem, nem pela décima parte, que vida de sacrifícios a minha vida tem sido."[277]

---

[275] COLI, 1998, p. 22.
[276] *Ibidem,* p. 185.
[277] ANDRADE, 1981, p. 114-115.

E no ano seguinte, 1943, em dedicatória a Antonio Candido, na 1.ª edição de *Atualidade de Chopin*, assim se expressaria: "Talvez nunca sentimento e pensamento tenham se embrulhado tanto em mim."

Fazendo-se uma retrospectiva sobre a sua obra e a sua correspondência, pode-se descobrir um Mário de Andrade com opiniões impregnadas de emoção, principalmente nos momentos em que a soberania do "seu" estado de São Paulo se encontrava em jogo.

Ao lado disso, também não se pode esquecer da grande relação de amizade e até mesmo de admiração pela aristocracia tradicional paulista, a única que, para ele, teria sido capaz de produzir um Paulo Prado, o "aristocrata doublé de intelectual autêntico" e principal "fautor da Semana de Arte Moderna", ao mesmo tempo que criticava a "alta burguesia riquíssima" do Rio de Janeiro onde, acreditava, jamais poderia ter acontecido o Movimento Modernista.[278]

O grupo social facilitador da Revolução Modernista em São Paulo constituía-se de pessoas aristocráticas, pertencentes a uma oligarquia tradicional, defensora da ideia de que o seu Estado reinasse, soberano, sobre os outros. Apenas a Minas Gerais, desbravada pelos emboabas, os antigos bandeirantes paulistas, é que se permitia caminhar ao lado de São Paulo, quando ambos dominavam politicamente, em um momento de poder de suas oligarquias, em período de esplendor e de auge, que se estendera desde o final do século XIX até o ano de 1922.

No entanto, apesar de toda a soberania política paulista, ainda o Rio de Janeiro continuava a menosprezar suas produções culturais, vistas como provincianas e, por isso, menores.

Se houve sempre conflitos, se houve sempre tensões, como seria então o Mário de Andrade que tanto se debruçara sobre a vida e a obra do Padre Jesuíno do Monte Carmelo, "jesuinizando-se" de tal forma que, dissera, acabara por chegar a ousadas conclusões, as quais pretenderia expor mais tarde em trabalho pessoal desligado de qualquer instituição pública?

À página 25 do Prefácio desse livro, se lê: "Não me acredito com o direito de expor, num livro que se valoriza pela chancela dum instituto, as pormenorizadas convicções a que cheguei. Elas são demasiado audaciosas."

---

[278] ANDRADE, 1989, p. 58.

O que poderia ser tão audacioso que o múltiplo Mário de Andrade, aos 50 anos, e intelectual maduro, não quisesse expor em trabalho realizado a pedido do Sphan?

No ano de 1939, na entrevista "Encontro com Mário de Andrade", quando lhe foi perguntado se acaso se considerava um nacionalista convicto, respondera:

> Não. Apesar de minha orientação nacional, não sou um "nacionalista" no sentido apologista desta palavra. Considero-me um cidadão do mundo, e se trabalho a coisa brasileira, é pelo interesse humano que isso tem.
>
> [...] somente um pequeno contato com as minhas obras, me demonstra muito mais marcado pelo tropicalismo que propriamente pelo nacionalismo.[279]

De 1944, se encontra na entrevista "Acusa Mário de Andrade: 'Todos são responsáveis!'": "Só publico o que pode servir. Todas as minhas obras têm uma intenção utilitária."[280]

E em "Minha obra pode servir de lição": "O que me interessa na minha obra é especialmente o que ela representa como biografia moral, como experiência de identificação dum artista com o que deve ser o artista. Neste sentido é que afirmo que minha obra pode servir de lição."[281]

Teria Mário de Andrade finalmente assumido o seu sentimento de paulistanidade?

Após 1919, quando conhecera as obras do Aleijadinho, de tal modo se impressionara que, entusiasmado, acabara por defini-lo um grande artista, o único a cuja arte se poderia considerar nacional, um gênio de admirável originalidade. Em 1937, ao descobrir a produção artística do Padre Jesuíno, da mesma forma se impressionou com a originalidade das pinturas, não deixando de exaltar o gênio messiânico, denominando-o de protótipo, e reconhecendo-o o melhor representante da cultura artística nacional do Brasil Colônia.

Um mineiro, o outro paulista; ambos mestiços. Para ele, apenas os dois, entre todos os artistas barrocos que conhecera pelo Brasil, tinham

---
[279] ANDRADE, 1983, p. 58-59.
[280] Ibidem, p. 105.
[281] Ibidem, p. 111.

dado soluções pessoais às obras realizadas, tendo recriado, cada um à sua forma, o estilo no qual haviam se inspirado. Só assim, pensava ele, haviam possibilitado o surgimento do sentimento artístico de um povo que se poderia considerar como sendo verdadeiramente brasileiro.

Ambos, tipicamente nacionais, haviam proposto, nas criações artísticas, originalidade de soluções que profetizariam ruptura e independência, eles sim tendo conseguido valorizar aquilo que era da terra.

Assim sendo, conclui-se que apenas São Paulo e Minas Gerais poderiam, como puderam, ter criado uma arte nacionalista livre das influências europeias, porque apenas as capitais dessas duas capitanias é que se encontravam protegidas de tudo o que era novo e rapidamente chegava através do mar, ao contrário do que acontecia com as das outras capitanias, a do Rio de Janeiro, a da Bahia e a do Nordeste.

Em 1920, em "A arte religiosa no Brasil", já deixara expressos pensamentos de que o isolamento de Minas Gerais fora fator determinante das manifestações artísticas peculiares aí acontecidas no século XVIII, diferentemente do que se podia observar em relação à Bahia, por exemplo, onde havia grande "facilidade de comunicação com a Metrópole."[282]

No número 54 dessa mesma Revista, escrevendo sobre a arte mineira, dizia:

> Foi nesse meio oscillante de inconstancias que se desenvolveu a mais caracteristica arte religiosa do Brasil. A Igreja poude ahi, mais liberta das influencias de Portugal, proteger um estylo mais uniforme, mais original que os que abrolhavam podados, áulicos, sem opinião própria nos dois outros centros. Estes viviam de observar o fardim luso que a miragem do Atlantico lhes apresentava continuadamente aos olhos; em Minas, si me permittirdes o arrojo da expressão, o estylo barroco estilizou-se. As igrejas construidas quer por portugueses mais aclimados ou por autoctonos algumas, provavelmente, como o Aleijadinho, desconhecendo até o Rio e a Bahia, tomaram um caracter mais bem determinado e, poderriamos dizer, muito mais nacional.

Vinte e dois anos após, em 1942, no balanço sobre o Movimento Modernista, falaria mais abertamente ainda sobre como considerava importante o isolamento em que São Paulo vivera, em relação às novidades euro-

---
[282] ANDRADE, 1920, p. 99.

peias. Para ele, apenas nessa situação e nessa cidade poderia ter eclodido a revolução estética de 1922:

> E, socialmente falando, o modernismo só podia mesmo ser implantado por São Paulo e arrebentar na província. Havia uma diferença grande, já agora menos sensível, entre Rio e São Paulo. O Rio era muito mais internacional, como norma de vida exterior. Está claro: porto de mar e capital do país, o Rio possue um internacionalismo ingênito. São Paulo era espiritualmente muito mais moderna porem, fruto necessário da economia do café e do industrialismo consequente. Caipira de serra-acima, conservando até agora um espírito provinciano servil, bem denunciado pela sua política, São Paulo estava ao mesmo tempo, pela sua atualidade comercial e sua industrialização, em contato mais espiritual e mais técnico com a atualidade do mundo.[283]

Tais observações, que podem provar a ideia do isolacionismo de São Paulo e de Minas Gerais, determinantes de uma arte mais brasileira dentro do contexto barroco, acabam remetendo a outro aspecto curioso, em parte da obra de Mário de Andrade: sua admiração por Paulo Prado, autor de *Paulística: História de São Paulo* e de *Retrato do Brasil*, e a afinidade com algumas ideias. Ainda nessa mesma página 236, se encontra:

> Junto disso, o movimento modernista era nitidamente aristocrático. Pelo seu carácter de jogo arriscado, pelo seu espírito aventureiro ao extremo, pelo seu internacionalismo modernista, pelo seu nacionalismo embrabecido, pela sua gratuidade antipopular, pelo seu dogmatismo prepotente, era uma aristocracia do espírito. Bem natural, pois, que a alta e a pequena burguesia o temessem. Paulo Prado, ao mesmo tempo que um dos expoentes da aristocracia intelectual paulista, era uma das figuras principais da nossa aristocracia tradicional. Não da aristocracia improvisada do Império, mas da outra mais antiga, justificada no trabalho secular da terra e oriunda de qualquer salteador europeu, que o critério monárquico do Deus-Rei já amancebara com a genealogia. E foi por tudo isto que Paulo Prado pode medir bem o que havia de aventureiro e de exercício do perigo, no movimento, e arriscar a sua responsabilidade intelectual e tradicional na aventura.

---

[283] ANDRADE, 1974, p. 236.

> Uma coisa dessas seria impossível no Rio, onde não existe aristocracia tradicional, mas apenas alta burguesia riquíssima. E esta não podia encampar um movimento que lhe destruia o espírito conservador e conformista. A burguesia nunca soube perder, e isso é que a perde. Si Paulo Prado, com a sua autoridade intelectual e tradicional, tomou a peito a realização da Semana, abriu a lista das contribuições e arrastou atrás de si os seus pares aristocratas e mais alguns que a sua figura dominava, a burguesia protestou e vaiou.

Mais adiante, à página 244, outra referência a Paulo Prado: "A verdadeira consciência da terra levava fatalmente ao não-conformismo e ao protesto, como Paulo Prado com o *Retrato do Brasil*".

Macunaíma e *Retrato do Brasil* – dois trabalhos publicados no mesmo ano, 1928

No Primeiro Prefácio de *Macunaíma*, fez dedicatória a Paulo Prado, referindo-se às trocas de ideias e impressões acontecidas entre os dois autores, durante a elaboração do texto do amigo.

Acaba por se verificar, a partir das duas obras, que nesse momento ambos compartilhavam de algumas ideias comuns, embora divergissem nas direções que acabariam por sugerir, uma vez que naquele instante Mário de Andrade priorizava o projeto nacionalista.

Recorrendo-se ao livro *Tietê, Tejo, Sena – A obra de Paulo Prado*, encontra-se bem delineada a tese norteadora de toda a produção ensaística desse intelectual paulista, aquele que, na prática realmente tornara possível o evento da Semana de Arte Moderna. A principal ideia de Paulo Prado centraliza-se no "caminho do mar": "[...] a história do Brasil como um todo depende da história particular de São Paulo, e esta por sua vez é explicada a partir das circunstâncias históricas gerais criadas pelo caminho do mar."[284]

De fato, São Paulo, naturalmente isolada do litoral pela Serra do Mar, vira-se liberta das influências europeias, o que possibilitaria a ela permanecer "caipira de serra-acima", como dissera Mário de Andrade, em 1942.

Para Paulo Prado, o paulista acabara por se constituir como um povo de caráter diferenciado dos habitantes do resto do país, uma vez que conseguira se manter afastado "dos contágios decadentes da raça descobridora."[285] É

---

[284] BERRIEL, Carlos Eduardo O. *Tietê, Tejo, Sena – A obra de Paulo Prado*. Campinas: Papirus Editora, 2000. p. 131.
[285] *Ibidem*, p. 134.

que considerava que os descobridores e colonizadores de São Paulo haviam sido os portugueses do Renascimento, ainda uma raça superior, destemida, que se aventurara por meio do desconhecido, ambiciosos de poder e de saber, aqueles que haviam precedido os que depois viriam povoar o Brasil, os contemporâneos de um Portugal decadente. Dessa forma isolados, teriam acabado por formar o mameluco, raça diferente, livre da degenerescência, o futuro desbravador e colonizador dos sertões de Minas Gerais, a "fruta paulista" para Mário de Andrade em seu "Noturno de Belo Horizonte".

Outros dois pontos de convergência podem ser encontrados em Mário de Andrade e Paulo Prado: as opiniões expressas sobre o Aleijadinho e o Padre Feijó. Assim como aquele exaltava a genialidade criadora do artista mineiro, neste se lerá: "[...] Não lhe perturbava o gênio inculto nenhum ensinamento de academias ou mestres; a sua obra surgiu e viveu na espontaneidade da imaginação criadora, sem nenhuma deformação." Ou ainda: "[...] o único grande artista que durante séculos possuiu o Brasil."[286]

Foi ainda com o intuito de enaltecer os paulistas, que Paulo Prado destacaria elogiosamente figuras com participação bastante ativa no momento das Regências. Entre elas, os Andradas e Feijó, o mesmo Feijó que convivera com o Padre Jesuíno do Monte Carmelo e com os "Padres do Patrocínio", na vila de Itu, onde, de acordo com Mário de Andrade, pudera sentir germinarem e florescerem as ideias liberais e revolucionárias que formariam o seu espírito político.

Que Mário de Andrade envolveu-se emocionalmente com seu último objeto de estudo, o Padre Jesuíno, é fato inegável. Que se apaixonou pela vida e obra desse artista colonial, tendo chegado a deduções tão pessoais que a nem todas ousou expor, também é verdadeiro.

Acompanhando de perto todo o desenrolar de seu trabalho de pesquisa, percebe-se que sugeriria conclusões inusitadas talvez, no relato ficcional sobre a vida e a produção artística de alguém que ousara reinventar a arte à sua forma, à forma brasileira, mestiça, mostrando, na obra, as emoções de cada fase de sua vida. Daí ter concluído sobre o psicologismo do pintor, refletido nas telas só de sua autoria. Em um primeiro momento, a alegria ensolarada e ardente, o brilho e o ar de festa de arraial, quando jovem, casado, e com família, experimentava uma vida completa; depois, a introspecção, a religiosidade, a intensa espiritualidade, a calma e a paz interiores, traduzidas pela felicidade plástica quando, viúvo, se preparava para o

---

[286] ANDRADE, 1974, p. 183-184.

sacerdócio e se tornara padre; e, finalmente, a dramaticidade reveladora de atroz sofrimento interior, sofrimento que permitia que fosse vislumbrado um espírito constantemente martirizado, inquieto por causa das faltas praticadas na juventude. Toda uma obra psicológica se direcionaria para o quadro retrato, fato demonstrado ostensiva e abertamente nos trabalhos pictóricos deixados na Igreja do Patrocínio. Para o pesquisador, então, a mágoa, a revolta e o complexo de cor sempre teriam atormentado o Padre Jesuíno, o que determinara características muito próprias à sua obra.

De acordo com a opinião de Rodrigo Mello Franco de Andrade, o Padre Jesuíno mostra "as variadas capacidades do nosso homem do povo, seu poder de improvisação e de invenção, seu sentimento estético banhado de poesia e de religiosidade, e sua tendência para a afirmação nacional dentro dos valores universais da religião e da arte."[287]

Trabalho elaborado e único sobre um artista barroco de São Paulo, ainda nas palavras do grande amigo "o seu único estudo em grandes proporções nos domínios da arte colonial brasileira, e também o seu último e mais meditado livro,"[288] o que teria simbolizado, para Mário de Andrade, o Padre Jesuíno, a "figura de maior relevo no ambiente artístico do seu tempo na sua região"?[289] Seria ele a possibilidade de mostrar um São Paulo superior, independente da Corte, do ponto de vista da criação artística, em uma exaltação da arte brasileira, sim, mas sobretudo da arte colonial paulista?

Por que essa alimentada admiração por esse artista?

E a conclusão a que chegaria? O seu biografado, o "seu" Padre Jesuíno, para ele estivera acima das tradições, das lições e do estilo proposto, um paulista, dono de forte personalidade, constantemente em luta contra as regras que o seu tempo impunha: "Arroubado, se deixando levar pelos instintos e formas da vida, o padre Jesuíno do Monte Carmelo deixou uma obra "romântica" confessional. Porventura a obra mais típica do marginalismo mulato e de individualismo, da nossa arte colonial já estudada."[290]

Depreende-se, da parte do pesquisador, forte entusiasmo de engajamento, e não apenas de pesquisa. A ação de pintar do Padre Jesuíno é transmitida ao leitor como sendo o ato de alguém que incessantemente procurava o aperfeiçoamento de tudo o que fazia, mesmo na vida espiritual

---

[287] ANDRADE, 2012, p. 30.
[288] *Ibidem*, p. 24.
[289] *Ibidem*, p. 28.
[290] *Ibidem*, p. 223.

"pondo até uma minúcia de filigranador barroco na realização exatíssima dos gestos sacrais".[291]

Exaltou-o como pessoa, como pintor, como arquiteto, como padre, como criador de mudanças e como inovador, enaltecendo a sua "audácia". Sugeriu que a futura ação política do Padre Feijó só fora despertada depois de conhecer o Padre Jesuíno e a Congregação dos Padres do Patrocínio, tão grande admiração sentira pelo novo amigo: "por êsses anos adiante, e o predestina por vias tortas e místicas para a futura ação política."[292]

Convenceu-se de que tanto a pintura como a Congregação de padres poderiam ser vistas como germens de nacionalidade. Igualmente mostrou-se convencido de que, durante toda a vida, o padre fora perseguido pela condição de pardo, e que essa revolta muda e inconsciente talvez tivesse culminado nos quadros retrato dos santos do Patrocínio, com fisionomias masculinas de características evidentemente mestiças.

Mediante a "explicação mulata" da obra deixada pelo Padre Jesuíno, exaltava as aptidões artísticas da raça mestiça, que teria acabado por desembocar em uma "arte mulata".[293]

Já em o Aleijadinho, havia exaltado, e muito, a criatividade e as aptidões artísticas do pardo, que pouco a pouco se impusera como raça:

> Mas a prova mais importante de que havia um surto coletivo de racialidade brasileira, está na imposição do mulato. [...] De todos esses exemplos principiam nascendo na Colônia, artistas novos que deformam sem sistematização possível a lição ultramarina. E entre esses artistas brilha o mulato muito.
>
> [...] Bastam estes exemplos para se compreender este lado, não dominante, mas intensamente visível, de como a raça brasileira se impunha no momento.
>
> É curioso de observar que todos estes mulatos aparecem brilhando principalmente nas artes plásticas e na música. [...] Os nossos mestiços do fim da Colônia glorificam a "maior mulataria", se mostrando artistas plásticos e musicais.[294]

---

[291] *Ibidem*, p. 27.
[292] *Ibidem*, p. 64.
[293] *Ibidem*, p. 29.
[294] ANDRADE, 1984, p. 13-14.

Um pouco mais à frente, às páginas 15 e 16, chegara mesmo a demonstrar irritação com o julgamento depreciativo que alguns historiadores e poetas haviam expressado a respeito dos mestiços, acrescentando:

> Que os mulatos eram façanhudos não tem dúvida que sim. Mas eram porém, pelo simples fato de formarem a classe servil numerosa, mas livre. É tantas vezes a classe que desclassifica os homens... [...] Os mulatos não eram nem milhores nem piores que brancos portugueses ou negros africanos. O que eles estavam era numa situação particular, desclassificados por não terem raça mais. Nem eram negros sob o bacalhau escravocrata, nem brancos mandões e donos. Livres, dotados duma liberdade muito vazia, que não tinha nenhuma espécie de educação, nem meios para se ocupar permanentemente. Não eram escravos mais, não chegavam a ser proletariado, nem nada. Soldados. Na mesma disponibilidade do soldado nacional. E mesmo assim, si comparamos bem a atuação dos mulatos e a dos Fanfarrões Minésios, [...] será difícil decidir quem que tem alma de "mulato" entre esses portugas e brasileiros sem firmeza nenhuma de caráter. Mulatos, mais "mulatos" que os desrraçados mulatos da maior mulataria.

(Novamente, aqui, a expressão "da maior mulataria".)

Atento à mestiçagem do Aleijadinho, atento à mestiçagem criada por mestre Ataíde, atento à mestiçagem do Padre Jesuíno, sempre a exaltação da nova raça, aquela que defendera, desde 1928, como sendo a verdadeira raça do Brasil. Apenas um senão – referindo-se ao fato de o padre santista ter colorido de pardos alguns anjos e santos, consideraria tal fato como sendo o primeiro na arte barroca brasileira, mas sem dúvida não se lembrara de que Mestre Ataíde reproduzira, ele também, no céu barroco do teto da nave principal da igreja de São Francisco de Assis, em Ouro Preto, uma Nossa Senhora negra.[295]

À página 45, imaginando como o jovem Jesuíno reagiria ao estudo que deveria ter feito das obras da Capela Velha que então existia ao lado da Igreja do Carmo, em Itu, dizia: "Jesuíno Francisco os contemplava muito, os estudava com certeza, embora para as suas tendências de mulato e moço, não agradasse muito a elegância do desenho nem o refinamento raro de colorido do Anônimo da Capela velha."

Já começaria aí, no início do livro, a introduzir as ideias diferenciadas do sentimento mestiço em relação à arte, à coragem e à audácia de criação que dela resultaria.

À página 63, escreveu:

> E tomado de inspiração livre, com aquele mesmo amadorismo e ainda maior desprendimento dos cânones tradicionais, que já demonstrara pintando a capela-mor, ituana, no maior delírio da sua temeridade artística, Jesuíno se improvisa arquiteto e inventa os planos da igreja do Patrocínio.

E ao discorrer sobre a pintura do teto da Igreja do Carmo, em Itu:

---

[295] No livro *Exílio no Rio*, encontra-se, à página 56, a seguinte afirmação do autor: "Mário herdou de ambos os lados, pelas duas avós, seus traços de mestiço, diferente dos pais e dos irmãos que tinham branqueado. Daí os mexeriqueiros o dizerem filho adotivo."
Apenas no poema "Meditação sobre o Tietê" é que assumiria a sua mestiçagem, já que se autodenomina de "bardo mestiço". No entanto, desde 1928, em todas as oportunidades que sua obra lhe oferecia, exaltaria a fusão de raças acontecida no Brasil, e a imposição do mestiço na Colonia, resultado dessa fusão, dando origem a um exemplo de liberdade e de criação estética.
À nota de número 2, à página 64, complementou o citado autor de *Exílio no Rio*: "Com estrangeiros, parece ficar à vontade para tocar no assunto. À escritora argentina Maria Rosa Oliver, que estava no Brasil durante a guerra, [...] fez uma confidência rara [...] que ele recusara convites para os Estados Unidos "simplesmente por ser mulato" e acrescentou com naturalidade: "Não aceitei. Você não sabe que tenho sangue negro?" Achava que não seria pessoalmente discriminado (na carteira de identidade constava "cor branca"), mas explicava: "Já sei, não sofreria por isso, mas outros iguais a mim sofrem, e isso eu não poderia tolerar."
Impossível deixar de lado uma reflexão que surge sobre o "refrão da mão", obsessão que o atormentou durante o texto quase inteiro do trabalho sobre o padre Jesuíno do Monte Carmelo. De acordo com sua interpretação, o biografado, o "seu" padre Jesuíno, fosse na condição de leigo, fosse na condição de padre, não conseguiria deixar de ver à sua frente, ao pintar a própria mão mestiça, tendo daí surgido a vingança que permitira a ele criar, em céus arianissimamente carmelitanos, imagens de santos e de anjos de características negras ou mestiças, ou a de retratar as fisionomias dos filhos mestiços nas imagens dos santos criados para a Igreja do Patrocínio. Até que ponto o "refrão da mão" de Jesuíno Francisco ou do padre Jesuíno não teria sido um reflexo dos sentimentos do próprio autor, ele também talvez um perseguido e atormentado?
Durante a composição do trabalho, e mesmo depois de tê-lo considerado como realizado, escrevera ao diretor e amigo Rodrigo Mello Franco de Andrade, insistindo em que, antes que a obra fosse publicada, desejava rever a recorrência de tal aspecto, tendo esclarecido que pretendia eliminá-lo. Por que isso o incomodaria tanto?

> A concepção de Jesuíno Francisco de Paula para êsse teto de capela-mor é ao mesmo tempo obediente ao tradicional que êle conhecia e <u>deliciosamente original pela intervenção do seu temperamento audaz.</u>
>
> [...]
>
> <u>Mas uma deliciosa manifestação de originalidade é a maneira inteiramente inventada que com que êle traduz a segmentação do teto.</u> Em vez das audaciosas perspectivas falsamente arquitetônicas de uma tradição européia que êle talvez ignorasse, ou mesmo fingir molduras de talha barroca, como fizera José Patrício no teto da matriz, Jesuíno joga nos ares um interminável festão verde, ricamente recamado de rosas e possíveis margaridas.[296]

Sobre a obra encontrada na Ordem dos Terceiros, em São Paulo: "A decoração que Jesuíno concebeu para o teto da Ordem Terceira não tem nenhuma grande originalidade conceptiva, mas já prova bastante a evolução do artista e <u>a sua marca original de audácia</u>."[297]

No capítulo V, assim se lê, às páginas 207 e 208:

> Jesuíno, assombroso de coragem, pintou o anjinho mulato a que já me referi.
>
> [...] diverge totalmente pelo colorido que é escuro, dum pardavasco insofismável. Não padece dúvida que a intenção de Jesuíno Francisco foi se defender, e aos seus, conquistando aos mulatos, com essa preliminar pictórica, um cantinho no reino dos céus. Jesuíno "fêz jurisprudência", como se diria em linguagem jurídica, ou "criou um precedente", com ripostaria a linguagem dos pareceres burocráticos. Jesuíno pôs um anjo mulato em perfeita igualdade com os serafins da alvura bíblica.

E finaliza as ideias de que a audácia e a revolta sempre teriam acompanhado o Padre Jesuíno, com o longo trecho das páginas 210, 211 e 212:

> Só me sobra mais um possível caso de mulatismo a indicar. Nesse mesmo fôrro ituano, entre os seus beatos felizes, se cinco figuras são incontestavelmente brancas, talvez a mais simpática, talvez a mais cuidada e fixada em traços distintivos

---

[296] ANDRADE, 2012, p. 143, grifos meus.
[297] *Ibidem*, p. 182, grifo meu.

individualistas, e por certo a mais estranhável e diferente, é a do bispo velho, figura central do lado esquerdo do painel, cujo anjo dialogante lhe segura o chapéu. Então o cabelo, único entre as duas figuras, é positivamente crespo demais, para não dizer pixaím. A indiscrição não é somente minha. As pessoas a quem participei a minha malícia, também aqui foram unânimes em concordar comigo. Êsse santo é um mulato. E é um mulato muito nosso conhecido, muito da nossa prática, de quantos de nós conviveram ainda largamente na infância com ex-escravos e negros velhos. Dir-se-ia mesmo que é um negro, apesar da côr disfarçada. É um haussá de nariz aquilino, maçãs salientes, que os outros cinco santos não repetem, olhinhos sorridentes, e uma bondade geral derivada de muita obediência, muita ignorância e muito sofrimento.

Declarava-se convencido de que o Padre Jesuíno fora perseguido, a vida toda, pela origem mestiça:

Essa é a minha convicção. Jesuíno foi um indivíduo perseguido conscientemente pela sua condição de mulato e filho espúrio. Isso lhe determinou parte da vida e da obra. [...]

É possível ainda que a preferência por certos traços fisionômicos dos seus tipos ideais de santos, principalmente para o da mulher, lábios grossos, nariz grosso, lhe tenha sido ditada inconscientemente pelo seu mulatismo, porém isto não tem a menor importância, nem chegou a afetar a obra do artista. Mas êste, consciente da sua mestiçagem, e revoltado contra o preconceito de côr, na sua primeira obra de pintor independente, em tôda a consciência, se vinga das formas do mundo, e conquista para as pessoas de côr um lugar no céu católico, desrespeitando as leis congregacionais da Senhora do Carmo inculpável, pintando no templo dela um anjinho mulato, um santo mulato e talvez negro, mas disfarçado na côr. Êsse marginalismo revoltado o levou a maior audácia ainda, na aspiração de se afirmar e adquirir *pedigree*. O processo genealógico da pintura é o retrato. Por certo sem consciência determinada dêsse lado genealógico do retrato, numa aparência apenas de carícia afetiva e paternal, o mulato cria para os seus a tradição familial, retratando alguns dos filhos em anjinhos. Todos ou apenas alguns. E um dêles repetiu, ou outro muito parecido, no *Menino Jesus de Praga*. E quando está para o final da vida e despojado dos interêsses terrenos, êle se vinga ainda.

Acreditava que seu biografado, mesmo na condição de padre, ainda se vingará, inconscientemente, de forma não menos ousada:

> Faz-se padre, mas quer-se padre perfeitíssimo, mais perfeito que a maioria dos que observava, num orgulho a que não concede nenhuma consciência. E então se vinga da organização carmelita de que não pudera participar, organiza tímido, sem a coragem dum Francisco de Assis ou Inácio de Loiola, não uma ordem, mas um arremedo e ordem, com os Padres do Patrocínio. Mas quer a sua congregação mais imponente que nenhuma da cidade. Imagina o seu maior templo, o seu edifício, mais monumental a maior coisa da capitania. O Patrocínio é uma espécie de vingança inconsciente. Mas a perseguição não o larga. O mulato renegado dos céus desta terra branca, tem um mêdo horrível de que não o reneguem os céus celestiais. Se apavora com os pecadilhos da mocidade, tem pavor de falsear os ritos do sacerdócio, não se contenta com as absolvições do confessionário. Mas ao mesmo tempo reafirma nos quadros do Patrocínio, a sua ambição de uma genealogia familial. E retrata então os quatro filhos.

O entusiasmo demonstrado por Mário de Andrade não se restringiu aos trechos em que lhe fora possível exaltar a "arte mulata", uma vez que igualmente exaltou, e de forma insistente e clara, a superioridade de São Paulo por meio do padre pintor e da obra criada por ele. Em vários momentos enalteceu o "seu" estado de São Paulo onde se haviam plantado as raízes de uma arte, essa sim verdadeiramente nacional, como há mais de 20 anos constatara em relação à mineira:

> A comarca de Itu estava então em reflorescimento, e era como que a primeira aurora anunciando aos paulistas que o seu século noturno estava se acabando. [...]
>
> Embora continuássemos sofrendo toda a sorte de 'extorsões e violências'.[298]
>
> concentração de famílias ilustres, com a lei sabida de ter um padre em cada leva de filhos, uma religião colonialista ainda se expandia, numerosa mas tímida, satisfeitas do dinheiro novo que brincava no ar, mais cuidando por enquanto de carnavalizar o Paraíso em festas, enfeites dourados e música, do que dos seus deveres com esta nossa terra. Não era ainda possível imaginar que essas famílias amansadas e êsse clero

---

[298] *Ibidem*, p. 40.

> colonialista iriam dar em breve um dos brados de altivez do espírito nacional. [...]
>
> A vila, tomada de grande fervor religioso, estava em plena ebulição de reforma, quando Jesuíno Francisco apeou à porta do Carmo. Os ituanos do século, mais que a outra gente da capitania, primavam pelo apêgo às artes e decorações das igrejas, e das próprias casas. Representavam a "civilização" bandeirante do paulista velho, diria cinqüenta anos mais tarde o dr. Ricardo Gumbleton Daunt, saudosistamente.[299]

E sobre o padre: "Padre Jesuíno do Monte Carmelo vibra numa grande efusão interior. Fundem-se no delírio dêle o seu gênio messiânico e a vocação artística."[300]

Sente-se reforçado seu entusiasmo, quando escreve:

> É um momento de clímax para os Padres do Patrocínio. Vem gente de tôda parte, mesmo da capital Os Padres do Patrocínio estão entre os homens mais importantes da capitania, dominam espiritualmente tôda uma comarca e isso deriva aos poucos na fatalidade do domínio político também. Feijó arregimenta liberais e arrasta consigo a maioria do clero ituano para as aspirações libertárias.[301]

Mesmo reconhecendo que o momento de ebulição artística da comarca havia acabado com o declínio da cana-de-açúcar, não perderia a oportunidade de ressaltar que, ainda que decadente: "a comarca produzirá dois dos maiores artistas brasileiros do século: um nascido na antiga São Carlos, outro na própria vila, Carlos Gomes e Almeida Júnior."[302]

E à página 197, quando se referiu aos quadros do Patrocínio, assim diz deles: "nos deixam tomados de espanto e comoção."

Retornando-se ao ano de 1943, se encontrará:

> É certo, Murilo, e aliás você bem sabe que sou um sujeito muito "organizado" interiormente. Aquele meu verso aparentemente vaidoso "eu trago na vontade todo o futuro traçado" não é nenhuma literatura não, é verdade. Ou milhor, é parte da verdade, mas parte verdadeira.[303]

---

[299] *Ibidem*, p. 44-45.
[300] *Ibidem*, p. 60.
[301] ANDRADE, 2012, p. 75.
[302] ANDRADE, 2012, p. 47.
[303] ANDRADE, 1981, p. 144.

Que toda a produção escrita de Mário de Andrade, tenha sido ela elaborada e artística, ou simples conversas registradas em sua tão extensa correspondência, prestou-se para documentar os conflitos internos que o conturbavam, ficou comprovado. E tais conflitos acabariam por determinar a coexistência de vários Mários, entre eles, tanto aquele que programadamente se engajava em projetos pré-determinados, nacionalistas ou sociais, como o Mário de Andrade, que aos 50 anos, maduro e provavelmente livre de "compromissos" assumidos consigo mesmo, tivesse se permitido expressar ideias de paulistanidade, reprimidas conscientemente durante toda a existência. Diante da vida e da obra do Padre Jesuíno do Monte Carmelo, que tanto o apaixonaram, pode ser que finalmente tivesse se permitido, ele também um exemplo de messianismo, expor sentimentos ocultos até então, sentimentos esses dissimulados a vida toda, por causa de um projeto considerado, por ele mesmo, como sendo maior e necessário.

VII

JESUÍNO E MÁRIO, A FICÇÃO SE MESCLA À HISTÓRIA

O processo criativo em que se envolveu o historiador e crítico de arte Mário de Andrade foi bastante atribulado. Verdadeiro trabalho de artesão, o do biógrafo, mergulhando em todas as fontes originais que lhe vêm às mãos: documentos, cartas, jornais, textos de historiadores, relatos da tradição oral.

Ao crítico de arte Mário de Andrade, bastaria ver e analisar as obras pictóricas – depois, é claro, de absoluta comprovação da autoria delas. Mas ao historiador faltavam elementos de informação suficientemente elucidativos sobre o autor daquelas pinturas que julgava extraordinárias, fossem elas observadas pelo aspecto psicológico ou pela excepcional originalidade de criação. Por mais que ele e seus colaboradores investigassem e se esforçassem em descobrir dados sobre a vida e até mesmo sobre a obra de Jesuíno Francisco, quase tudo permanecia obscuro. Como fazer, então, para que o escrito tomasse corpo? E quanto aos escrúpulos, o tempo todo permeando um trabalho que pretendia sério e rigoroso? De que forma resolver tais impasses e cuidados? Como solucionar conflitos que o atormentaram durante os vários anos de trabalho à elaboração do texto?

No que dizia respeito à obra, o pesquisador empenhou-se em analisá-la, toda ela, apenas do ponto de vista técnico, chegando a fazer, a respeito das existentes na Igreja Matriz de Itu, cinco versões – conforme atestam os manuscritos guardados no IEB (Instituto de Estudos Brasileiros).

Examinava as fotografias, visitava igrejas, debruçava-se dias inteiros sobre o material colhido sem, muitas vezes, chegar a conclusões animadoras. Isso o desesperava. E confessava ao amigo Rodrigo: "[...] o despertador me chamava às sete e sem outra coisa me jesuinizava até uma, duas da manhã [...]."[304]

Sentiu-se aprisionado por empreendimento a respeito de um artista cuja vida reputava extraordinária, apaixonante.

---
[304] ANDRADE, 1981, p. 168.

É bem verdade que reconhecia até mesmo "os exageros do amor". Como, então, resolver situação tão conflitante?

Mais recentemente, tais obsessões que tanto perseguiram e maltrataram o pesquisador foram objeto de análises de vários historiadores e escritores, como François Dosse e Hayden White. Dosse situa a biografia, gênero a que denomina híbrido, em um "[...] ponto médio entre ficção e realidade histórica":[305]

> O biógrafo caminha no sentido de arrancar informações a respeito do biografado. No entanto, chegará o momento em que ele tem que 'aceitar as falhas, as lacunas na documentação, e preenchê-las com a dedução lógica ou a imaginação: é o espaço sonhado da invenção, da ficção'.[306]

À p. 20 de *O desafio biográfico – escrever uma vida*, diz ser da natureza híbrida do gênero biográfico dividir-se "entre a propensão ficcional e a ambição de relatar o real vivido." Ainda reconhece que apenas se utilizando da intuição e da imaginação é que o biógrafo conseguirá chegar a um relato com estrutura e coerência. Inclusive cita, a propósito desse enfoque, a opinião de outro historiador francês, Max Gallo, que "leva a empatia a ponto de identificar biógrafo e biografado."

O gênero biográfico, para François Dosse, "depende ao mesmo tempo da dimensão histórica e da dimensão ficcional". Afirma que "A biografia é um verdadeiro romance" e que "O recurso à ficção no trabalho biográfico é, com efeito, inevitável na medida em que não se pode restituir a riqueza e a complexidade da vida real."[307]

O biógrafo "ficcionaliza" seu objeto de trabalho, necessitando, então, se utilizar ou da imaginação; ou das deduções lógicas, na tentativa de "compensar as insuficiências documentais e o resgate impossível do passado."[308]

Dessa forma, pensa que o gênero biográfico é "mescla de erudição, criatividade literária e intuição psicológica", implicando "um mínimo de empatia [...]."[309] Cita, ainda, o escritor francês Marcel Schwob, que escreve "ao biógrafo não importa muito a verdade: deve, isso sim, criar traços

---

[305] DOSSE, François. *O desafio biográfico – escrever uma vida*. Tradução de Gilson César Cardoso de Souza. São Paulo: EDUSP, 2009. p. 12.
[306] DOSSE, 2009, p. 16.
[307] *Ibidem*, p. 55.
[308] *Ibidem*, p. 69.
[309] *Ibidem*, p. 60.

humanos, muito humanos"[310], e André Maurois, para quem "toda biografia é romanceada"[311] e o gênero biográfico está entre a postura científica que conduz à busca da verdade e à dimensão estética, que empresta a ele o valor artístico: "A biografia é um gênero difícil: 'Exigimos dela os escrúpulos da ciência e os encantos da arte, a verdade sensível do romance e as mentiras eruditas da história.'"[312]

Reflexões de Hayden White, historiador norte-americano, reforçam parte do que é defendido por François Dosse. No capítulo 3, "O texto histórico como artefato literário", em *Trópicos do discurso*, além de esclarecer a respeito do poder metafórico da narrativa histórica, cuja força também está em trazer à mente do leitor "imagens das coisas que indica"[313], dá sua opinião sobre as tais narrativas. Considera-as "ficções verbais cujos conteúdos são tanto inventados quanto descobertos e cujas formas têm mais em comum com os seus equivalentes na literatura do que com os seus correspondentes nas ciências."[314]

Insiste na ideia de que o discurso histórico é, sempre, um elemento ideológico e fictício; daí, ser prisioneiro da linguagem figurativa.

Assim, até onde se pode provar que, inconscientemente, o historiador ou o biógrafo acaba atribuindo aos seus relatos o sentido que pretende dar?

Creio ter alicerçado as afirmações que, a partir daqui, apresentarei, não apenas a respeito do envolvimento de Mário de Andrade com o seu biografado, como também sobre o enfoque literário de que não conseguiu isentar o ensaio a respeito do pintor colonial paulista, o Padre Jesuíno do Monte Carmelo.

Dois são os textos-documentos nos quais se baseou o pesquisador, para dar vida ao seu personagem: a carta que Jesuíno, já padre e beirando os 50 anos, escreveu ao prior do convento de Santos, em 1815, pedindo perdão pelas suas "rapaziadas", e a Oração do grande amigo e confessor Feijó, escrita e proferida em 1821, dois anos após a morte do idealizador e arquiteto da igreja do Patrocínio.

---

[310] *Ibidem*, p. 57.
[311] *Ibidem*, p. 68.
[312] *Ibidem*, p. 59-60.
[313] WHITE, Hayden. *Trópicos do discurso* – Ensaios sobre a crítica da cultura. Tradução de Alípio Correa de França Neto. São Paulo: EDUSP, 1994. p. 107-108.
[314] *Ibidem*, p. 98.

A partir dessas leituras, acontecidas em outubro de 1941, logo no início dos trabalhos, o historiador dispõe de alguns dados referenciais a respeito do padre como pessoa. Quanto aos documentalmente registrados, sobre a vida e a obra do pesquisado, eram escassos e, no mais das vezes, duvidosos. Daí, então, o texto do ensaio, bem como as notas, estarem permeados de hipóteses e dúvidas, assim expressas: "**Continuo minha interpretação** [...]", "**Minha opinião é** [...]", "**Tenho a impressão de que** [...]", "**A meu ver** [...]", "**Creio que** [...]", "**Talvez** [...]", "**Não creio** [...]", "**Essa é a minha convicção**", "**E penso que** [...]", tendo sido o autor obrigado a, inúmeras vezes, interpretar as informações de que dispunha.

É real que Mário de Andrade se esforça, e muito, para não fazer do texto um ensaio literário. Desejava-o técnico, objetivo, o mais científico possível; pensa e repensa o estilo, o projeto, o texto. Durante bastante tempo seu espírito debate-se entre fazer uma biografia científica ou, ao invés disso, um conto biográfico ficcional.

Conforme afirma na Introdução ao *Padre Jesuíno*, não inventou dados, o que é real; no entanto, embora tenha objetivado cuidar da "Obra" com imparcialidade, nem mesmo nela consegue fugir da ficção e da literatura.

Após ter lido a carta do Padre Jesuíno, e a Oração de Feijó, o intelectual modernista mergulhou na ficção. Criou um personagem tão vivo que ao leitor é possível imaginá-lo, na segunda metade do século XVII, ou no início do XVIII, caminhando pelas ruas de Itu, subindo nos andaimes das igrejas do Carmo, de Itu, ou de São Paulo para nelas executar a decoração pictórica, caminhando de Itu a Campinas, atormentado pelos remorsos, papagaio ao ombro, em busca do alívio que só seu confessor poderia lhe oferecer, compondo as músicas a serem executadas na inauguração da Igreja do Patrocínio, ou participando, calado, das reuniões dos "Padres do Patrocínio".

E aí, também, Mário de Andrade mostra-se genial. É François Dosse, supracitado, quem se reporta ao ensaísta escocês James Boswell:

> [...] não conheço método biográfico mais perfeito que aquele que não apenas associa, segundo a ordem de produção, os acontecimentos mais importantes da existência de um homem, mas entremeia-os com o que esse homem haja dito, pensado e escrito. Tal método permite ao leitor vê-lo viver, e vivenciar com ele, cada um dos acontecimentos mais importantes.[315]

---

[315] DOSSE, 2009, p. 61.

Ao iniciar os estudos sobre o padre, o autor já se impressiona com a exteriorização psicológica que a obra de Jesuíno expõe. Esse enfoque psicológico, em um pintor cujas obras retratam fases tão marcadamente psicológicas, poderá ter facilitado ao pesquisador o mergulho na literatura e na ficção, a criação de um texto subjetivo, muitas vezes fruto da imaginação.

E assim inicia, falando de Jesuíno, ainda menino, no convento do Carmo, em Santos: "O seu espírito vivaz se libertava das precariedades terrenas que o castigavam, pela compensação das coisas divinas, especialmente no culto da Senhora do Carmo."[316]

Já em Itu, escreve sobre ele como se o tivesse conhecido, dizendo-o "bom moço", "modesto, de bons costumes":

> E assim se deu que num belo dia de 1784 o moço bem cotado foi pedido em casamento e estava pra fazer vinte anos. Que trapalhada, nunca imaginara ter mulher![317]

O ficcionista continua a criação, imaginando que depois, casado, enquanto decorava toda a igreja do Carmo de Itu, paredes e teto, a igreja da Senhora a quem tinha tanta devoção, Jesuíno certamente pensaria:

> Mas porque não entrava para irmão da Ordem Terceira quem se provava assim tão devoto da Senhora do Carmo! Jesuíno Francisco não perde de vista a sua mão, essa mão que na frente dêle pinta nas paredes e nos tetos, essa mão que êle é obrigado sempre a olhar de dedilhando nos órgãos. Não pode nem sonhar em ser Terceiro. Vem uma raiva contra o mundo e os homens, principalmente contra os Terceiros de Itu. Jesuíno sorri sem querer, satisfeito. Fêz mais uma falcatrua, sem querer. Mas sucedeu que na revoada de anjinhos que êle despertou e fêz voar pelo alvíssimo fôrro da Carmo, enxergando aquela mão que êle é tanto forçado a olhar na pintura e nos órgãos, a pele de um dos anjinhos lhe saiu exatamente da côr da mão. Jesuíno Francisco se vingou. Não pensa, não quer pensar, foi sem querer. Talvez seja pecado o que êle fêz. Jesuíno Francisco não pensa. Mas sente um erguimento satisfeito no seu machucado coração.[318]

Viúvo, consagrado como pintor, parte para São Paulo, com a incumbência de, lá, cuidar da decoração pictórica de outros templos. E aí vem

---
[316] ANDRADE, 2012, p. 37.
[317] *Ibidem*, p. 48.
[318] *Ibidem*, p. 52.

o episódio, nunca documentado, e inicialmente criticado por Mário de Andrade, sobre a conversa entre ele e Frei Tomé, prior da igreja, que teria perguntado a Jesuíno "[...] porque não se ordenava". Ao que o artista teria respondido, com suspiro e "melancolia", confessando:

> [...] um pouco ingratamente ao frade a sua vocação verdadeira. Desde o tempo da sua rapaziada que desejava ser padre [...]. E poderia bem ter dito que desde a meninice, porque de menino a gente se apaixona fácil pelos paramentos vistosos, a gesticulação dos ritos e as glorificações terrestres, naquele tempo tão imperialistas do sacerdócio. Desejava sim se fazer padre, mas a pobreza o levara ao ofício de pintor e a uma instrução tão escassa que nem atingia o escasso latinório que então se exigia para o sacerdócio. [...] Muitas vezes agora lhe vinha outra vez o desejo do estado eclesiástico. Se soubesse latim ainda se ordenaria, [...].
>
> [...]
>
> Frei Tomé respondeu que por isso não: Jesuíno ainda estava em tempo. Deixasse a pintura por umas duas horas por dia e o buscasse na cela, que em dois anos possuiria latim suficiente para se ordenar.[319]

Criticou o historiador Antônio Augusto da Fonseca, uma das fontes de pesquisa analisadas e, curiosamente, acabou reproduzindo a mesma situação:

> Antônio Augusto da Fonseca, tão distante de Jesuíno, e sem citar sua fonte, para que possamos criticar em sua veracidade, chega ao extremo de reproduzir textualmente o diálogo havido entre Jesuíno e Frei Tomé![320]

Anos mais tarde, já padre, em Itu, Jesuíno sonha:

> Padre Jesuíno do Monte Carmelo principia aos poucos esboçando no espírito a imagem de um lugar, um repouso, um refúgio que venha, ainda não sabe ao certo, está tudo tão vago! [...]
>
> Padre Jesuíno do Monte Carmelo vibra numa grande efusão interior. Fundem-se no delírio dêle o seu gênio messiânico e a vocação artística. Só isso? Outros padres ricos e brancos

---

[319] *Ibidem*, p. 54-56.
[320] *Ibidem*, p. 266.

doam monumentos à cidade, êle era padre pardo e pobre... Mas o sonho do artista apaga tudo.[321]

E, finalmente, solicitou entrar na Ordem do Carmo:

> Padre Jesuíno ficou estimulado demais! [...] era chefe dum grupo de padres perfeitos, era construtor de um templo maravilhoso para a Senhora do Patrocínio. Mas Jesuíno não pode esquecer aquela Senhora do Carmo bem-amada que o segue desde menino. O padre atormentado talvez não tema demais o inferno, em seu temor de Deus. Mas sabe que não evitará o purgatório por muitos séculos. Quantos seriam mesmo aquêles canudos de estanho?... Ora a sua Senhora do Carmo prometera, êle sabe, tirar do purgatório, logo no sábado, seu dia, os que morressem durante a semana. Mas para isso era preciso que a alma fosse irmã da Ordem Terceira. [...] E Jesuíno concebe o seu sonho mais maluco: pede a lua aos mortais. O padre Jesuíno do Monte Carmelo solicitou entrar na Ordem do Carmo! Que escândalo![322]

Até aqui citei apenas trechos referentes à "Vida", parte do ensaio em que Mário de Andrade assume claramente o enfoque ficcional. Agora, extrairei da "Obra" que ele pretendia o mais científica possível, exemplos de literatura e ficção. O "**Minha opinião**..." já explicita uma abordagem pessoal:

> Minha opinião é que o artista, pelos seus dezoito anos, apenas principiara o aprendizado das telas da matriz. Só em seguida, já casado, já confirmado em seu valor pictórico, recebe dos carmelitas amigos a encomenda da decorar a Carmo. E se põe ao trabalho aí pelos vinte anos, não posso precisar, mas no esplendor da sua mocidade audaciosa, na plenitude da sua vida terrestre. E concebe então decorar tôda a igreja, mas toda! Em vez de quadros nas paredes, vamos fazer outra coisa: pintura diretamente nas paredes. Por certo nunca soube de afrescos, mas conhece a fragilidade da taipa. As paredes serão tôdas revestidas de madeira, e já que as locupletar de talha é mais caro e mais lento, êle pintará diretamente todo êsse madeirame, como quem pinta a madeira tôda dum teto. E, caso único no Brasil colonial, a igreja foi decorada todinha com pinturas a óleo, tetos e paredes.[323]

---

[321] Ibidem, p. 60.
[322] Ibidem, p. 66-67.
[323] Ibidem, p. 136-137.

Ao se referir ao anjinho mestiço, "que traz uma cabeleira pouco menos que pixaim!", coloca no texto o encantador diálogo entre Jesuíno e o prior do Carmo de Itu:

> Mas entre a profusão das quatro dezenas de anjinhos, o artista mulato conquistou o direito de apenas um exemplar mulato. Este porém de franca mulataria.
>
> Por certo que um prior Lourenço de Almeida Prado nunca poderia imaginar que o artista de condição humilde tivesse a audácia de botar um pardo nos orgulhosos céus carmelitanos.
>
> – Que é aquilo, Jesuíno Francisco? Por que aquele anjo está me saindo tão escuro?
>
> – Faltou tinta, senhor Lourenço, faltou tinta.[324]

E quanto ao envolvimento escritor/personagem, tão evidente nesse trabalho de Mário de Andrade? O personagem Jesuíno ganha vida própria, toma corpo, impondo-se ao escritor a ponto de, em vários momentos, tornar-se espécie de alter ego, como o próprio texto do *Padre Jesuíno do Monte Carmelo* evidencia.

Em François Dosse, lê-se a seguinte citação de Sigmund Freud:

> Os biógrafos se ligam de modo especial a seus heróis. Com freqüência, escolhem-nos para objeto de seus estudos porque lhes testemunham desde logo, em razão de sua vida de sentimento pessoal, uma afeição particular.[325]

E trechos há, no ensaio, nos quais o leitor se surpreende, a ponto de se questionar se, ali, o protagonista é o próprio autor ou o personagem.

À primeira leitura, sente-se certo impacto quando, por exemplo, Mário de Andrade, ao discorrer sobre o pedido de casamento feito a Jesuíno, explode no texto com um inesperado "VOU ME CASAR". Surpreendentemente, o verbo que vinha sendo conjugado na terceira pessoa do singular vai para a primeira, como se a decisão tivesse sido tomada pelo próprio escritor. Após o trecho, o ficcionista retorna à terceira pessoa:

> E assim se deu que num belo dia de 1784 o moço bem cotado foi pedido em casamento e estava pra fazer vinte anos. Que trapalhada, nunca imaginara ter mulher! Quem o solicitava

---

[324] *Ibidem*, p. 210.
[325] DOSSE, 2009, p. 325.

> assim era ainda um português, também filho das ervas que nem êle, pobre, mas casado com gente bem genealógica da vila de Parnaíba. Jesuíno Francisco ainda hesitou um pouco em contrair casamento com a filha de João Francisco Mendes e sua mulher Sebastiana Ribeira de Morais. Mas era aventuroso mesmo, tocava nos órgãos, compunha, José Patrício já o deixara pintar sozinho os últimos quadros da matriz. E a religiosidade do moço era menos forte que o seu anseio de experimentar os diversos aspectos da vida. Maria Francisca, a noiva prometida era tão branca, rosto redondo, liso, duma alvura impassível. Jesuíno Francisco tenta continuar a tela. Mas na sua frente enxerga aquela mão pintando. Ele era um pardo... Estão lhe oferecendo a vitoria duma virgem branca, vou me casar! E Jesuíno acabou aceitando.[326]

Ou então quando, no episódio já citado de Frei Tomé, na igreja do Carmo, em São Paulo, Mário de Andrade se trai, usando "a gente", incluindo-se como personagem do relato.

E ao se referir ao anjinho mestiço da igreja do Carmo de Itu? Novamente muda a pessoa e assume inequivocadamente a própria defesa, ele também mestiço, passando o verbo para a primeira pessoa do plural: "[...] recebendo aquele banho de luz celestial que [...] nos tornará todos iguais. Menos nos cabelos".[327]

Ainda há que se lembrar um fato importante. Em 1938, escreve no artigo "Pintura religiosa paulista":

> Parece que aos Paulistas foi mais dadivosa a Senhora do Carmo, minha excelente madrinha de batismo. [...]
>
> Nos meus tempos de menino, estudante do Ginásio do Carmo desta capital, nada ainda nascera em mim dos meus errados caminhos de artista. Era menino apenas. Nas missas dominicais do Ginásio, no entanto, quando facilmente me cansava de rezar, meus olhos é que gostavam de errar pelo teto, contemplando aqueles serenos seres carmelitas que o teto celebrava e deviam estar lá no céu. Amava aquelas pinturas, um bocado secas, desprovidas de qualquer afabilidade terrestre, e que por isso mesmo condiziam melhormente com os respeitáveis êxtases celestiais.

---

[326] ANDRADE, 2012, p. 48-49.
[327] Ibidem, p. 210.

E depois, no estudo sobre Jesuíno, transformará essa cena memorialista no relato romanceado em que outro menino pardo, o futuro artista, embebe-se das pinturas do convento do Carmo, em Santos, onde vive. Identifica-se com ele:

> O seu espírito vivaz se libertava das precariedades terrenas que o castigavam, pela compensação das coisas divinas, especialmente no culto da Senhora do Carmo.[328]

> Mas Jesuíno adorava ficar tempo esquecido, ajoelhado ante os altares laterais da igreja do convento carmelita. Está rezando, diriam os frades. Mas o menino se perdia na contemplação dos quadros que adornavam os frontões dos retábulos. Ele achava tão lindos êsses santos pintados de que nunca se esquecerá: caras redondas, gordas, lisas, de uma alvura impassível. Ele não tinha essa alvura...[329]

Resta agora evidenciar a insistente recorrência do autor à mestiçagem de Jesuíno, ao complexo que o teria acompanhado por toda a vida e determinado as características de sua obra pictórica, uma arte de caráter psicológico.

Já no início da narrativa, reportando-se a respeito da decisão de Jesuíno de, aos 17 anos, em 1781, ir para Itu, acompanhando um frade que para lá iria, Mário de Andrade fala em "sangue turvado", aquele sangue que não se escolhe, mas que é imposto pela hereditariedade: "Ficava enfim no seio da família carmelitana, que não lhe era imposta por nenhum laço de sangue turvado, mas que êle escolhera por sua vontade."[330]

A revolta começa a se evidenciar quando executa a primeira obra e, senhor das próprias decisões, no "alvíssimo forro da Carmo", dominado pela raiva, faz voar um anjinho pardo, "exatamente da cor" daquela mão que pinta. O teto era alvíssimo e a Ordem do Carmo, de pura raça caucasiana, também; ninguém que fosse mestiço poderia ser nela admitido.

Em São Paulo, após o estudo do latim, Jesuíno se torna padre: "padre sim, mas ex-defectu natalium". E, ao rezar a primeira missa o mestiço, vitorioso, alma tumultuada, triunfa:

---

[328] *Ibidem*, p. 37.
[329] *Ibidem*, p. 38.
[330] *Ibidem*, p. 40.

> [...] A dezesseis de julho de mil setecentos e noventa e oito, o padre Jesuíno do Monte Carmelo sobe trêmulo os degraus do altar, imprensando nos dedos o cálice da consagração. Vai rezar sua primeira missa e em que tumulto está... O seu espírito aspira se consagrar inteiramente agora às obras humanas de Deus. Mas o mulato não estará triunfando, o altar é trono, o padre é rei? [...][331]

Já padre, tendo voltado a morar em Itu, ousado, embora "pardo e pobre", começa a idealizar um lugar grandioso, sem saber ainda bem "ao certo" como será e, embora "Pardo, filho de parda, neto de parda. Negro.", humilde enquanto padre, altivo enquanto negro, arrojadamente também "solicita entrar na Ordem do Carmo!":

> Padre Jesuíno ficou estimulado demais! [...] era chefe dum grupo de padres perfeitos, era construtor de um templo maravilhoso para a Senhora do Patrocínio. Mas Jesuíno não pode esquecer aquela Senhora do Carmo bem-amada que o segue desde menino. [...] E Jesuíno concebe o seu sonho mais maluco: pede a lua aos mortais. O padre Jesuíno do Monte Carmelo solicitou entrar na ordem do Carmo! que escândalo! Afobação assustada dos Terceiros, discussões, defesas ferventes a favor do padre. Padre mas mulato. Como aceitá-lo numa Ordem de 'pura raça caucásica', [...] Pois Jesuíno vence ainda desta vez. E a venerável Ordem terceira de N. S. do Monte Carmelo da vila de Itu, consciente das 'virtudes do postulante, impetrou da Santa Sé um breve mandando admitir em seu grêmio o padre Jesuíno do Monte Carmelo.' Mas ou o breve nunca veio ou foi negado, e a vitória de Jesuíno terminou nessa bofetada. Pardo, filho de parda, neto de parda. Negro. O padre aceitou tudo na sua humildade necessária, mas o negro Jesuíno Francisco, não.[332]

Sente-se bem forte a revolta expressa pelo autor, em nome de seu personagem. De quem, essa revolta? O tempo todo depreende-se, do ensaio, sentimento de defesa ao artista, defesa a um mestiço genial, vítima de preconceito. Genial, sim, mas mestiço, pardo, preto, com sangue inevitavelmente turvado.

Não muito tempo depois dessa "bofetada", Padre Jesuíno se permitirá outra vingança, em que ninguém poderá interferir, já que apenas ele é o responsável pelos seus atos:

---

[331] *Ibidem*, p. 57.
[332] *Ibidem*, p. 66-67.

> Em breve se vingará mais outra vez. [...]
>
> Os trabalhos do acabamento da igreja estão em pleno furor. Jesuíno pinta quadros [...] Mas aquela mão o persegue, se expondo na frente dêle. Êle era um pardo... Era um filho das ervas... Não tinha genealogia... Mas os filhos dêle ao menos êsses têm! São filhos legitimíssimos de Maria Francisca de Godói, gente de Parnaíba, e de Jesuíno Francisco de Paula... sim: de Paula Gusmão, da estirpe dos Gusmões. Em pintura, a genealogia não será o retrato?... E Jesuíno, disfarçadamente, quase sem querer, afirma a legitimidade dos filhos, pintando a cara dêles nos retratos dos seus santos.³³³

E o escritor ainda continua: "Nos altares já grita alviçareiro o ouro das talhas, e os quadros pintados punham santos... de côr nas paredes".³³⁴

As recorrências à mestiçagem de Jesuíno, à revolta e ao sentimento de inferioridade, que o teriam perseguido por toda a vida, continuarão a surgir no texto, mesmo quando Mário de Andrade estuda a "Obra", assim escrevendo, ao analisar a pintura da igreja do Carmo, em Itu: "No meio da anjaria, o artista disfarçadamente imisciuiu um anjinho mulato."³³⁵

Ou ainda, referindo-se à Igreja do Carmo em São Paulo, surpreende o leitor, com a impactante afirmação: "sem hierarquia nem infâmia de sangue ruim". O que é "sangue ruim"? Por que "sangue ruim"?³³⁶

Ao discorrer a respeito da igreja de Nossa Senhora do Patrocínio, novamente retorna ao presumido complexo de inferioridade de Jesuíno, provocado pela cor e pela condição de filho espúrio. Aí, então, para Mário de Andrade, a prova irrefutável se comprovará por meio dos retratos de santos pintados pelo padre e destinados a ornamentar o grandioso templo concebido e edificado por ele, o templo mais bonito da capitania.

> Resta o problema do mulatismo que interfere no do retrato. Que Jesuíno cultivasse algum complexo de inferioridade de côr, e mesmo que sofresse as conseqüências da sua mestiçagem, nada mais possível. E mesmo provável. [...] A fatalidade veio dos retratos. Já na duplicata fisionômica do S. João da Cruz e do S. Simão Stock, do Patrocínio, julgo descobrir traços de mulatismo racial [...] o meu sentimento se estende

---

[333] *Ibidem*, p. 67-78.
[334] *Ibidem*, p. 70.
[335] *Ibidem*, p. 146.
[336] *Ibidem*, p. 183.

> ainda à Santa Teresa, do Patrocínio, tão diversa de tôdas as outras mulheres que Jesuíno pintou na sua vida.[337]

Ainda quando se refere à igreja do Patrocínio, em longo trecho o escritor voltará a falar da igreja do Carmo de Itu. No início, apenas insinua o caso de mestiçagem para depois, no decorrer do texto, declarar francamente sua opinião de terem, os anjos, traços pretos. Novamente a claríssima defesa desse povo, vítima de "muito sofrimento". A tão perseguida análise técnica da obra se vê mesclada ao enfoque literário e à interpretação ficcional do historiador de arte, tanto no que diz respeito aos cabelos dos anjos, como ao "exemplar mulato", ou ao santo mestiço:

> Mas é curioso: Todos os quatro anjinhos têm cabelos negros e três deles bastante mestiçados pela firmeza dura dos cachos. Não deixa de ser impressionante a maneira com que o artista mulato maltrata os cabelos dos seus anjos. [...] Mas entre a profusão das quatro dezenas de anjinhos, o artista mulato conquistou o direito de apenas um exemplar mulato. Este porém de franca mulataria.
>
> Por certo que um prior Lourenço de Almeida Prado nunca poderia imaginar que o artista de condição humilde tivesse a audácia de botar um pardo nos orgulhosos céus carmelitanos.
>
> – Que é aquilo, Jesuíno Francisco? Por que aquele anjo está me saindo tão escuro?
>
> – Faltou tinta, senhor Lourenço, faltou tinta.
>
> [...]
>
> Esse santo é um mulato. E é um mulato muito nosso conhecido, muito da nossa prática, de quantos de nós conviveram ainda largamente na infância, com ex-escravos e negros velhos. Dir-se-ia mesmo que é um negro, apesar da cor disfarçada. É um hauçá de nariz aquilino, maçãs salientes, que os outros cinco santos não repetem, olhinhos sorridentes, e uma bondade geral derivada de muita obediência, muita ignorância e muito sofrimento.[338]

E, mais adiante, Mário de Andrade afirma que

---

[337] *Ibidem*, p. 202-203.
[338] *Ibidem*, p. 209-210.

> [...] o ideal perseguido pelo pintor era semiconsciente. Ninguém pinta um anjo mulatinho ou retrata o filho num santo, sem botar alguma consciência nisso. Ninguém persegue um rosto único de santa, ou compõe por esquadras de figuras um forro seccionado por arcos, e deixa de repetir essa que agora seria receita, na continuação desse forro num coro, sem pôr alguma consciência nisso.[339]

Utilizando-me do raciocínio do autor, supra exposto, evidenciarei minha opinião de que a enorme preocupação demonstrada por ele, em carta de 10 de fevereiro de 1945 ao amigo Rodrigo, em dizer que faria revisão no texto antes da publicação, uma vez que desejava "modestizar o refrão da mão", acaba sendo mais uma das evidências do envolvimento com o personagem Jesuíno:

> Tive, com a fuga do livro pra aí, o que quer dizer que embora ainda não publicada, a obra principiou vivendo por si, sem minha autorização nem condescendência, tive a noção exata de que, se o tom ficção está certo pro caso, me deixei levar às vezes pra uma, como dizer, pra uma liberdosidade, uma licenciosidade literária, uma imodéstia no tratamento do tom. Sobretudo naquele refrão de Jesuíno tomar consciência de seu mulatismo, olhando na frente a mão mulata dele, pintando, tocando nos órgãos. É ter feito disso um refrão que tornou licenciosa a análise psicológica. [...] então quero modestizar mais a parte da vida, um pouco só, quase que apenas tirando o refrão da mão.[340]

Considera a obra de Jesuíno a "[...] mais típica do marginalismo mulato e de individualismo, da nossa arte colonial já estudada".[341]

Em carta de 25 de janeiro de 1942 a Paulo Duarte, o pesquisador escreve sobre Jesuíno: "É uma figura importantíssima como homem e como artista. Estou completamente apaixonado".[342]

No que diz respeito à análise da produção literária de um escritor, de que forma considerar uma correspondência?

José Luís Diaz, pesquisador ligado à Association Interdisciplinaire de Recherches sur l'Epistolaire (Aire) [Associação Interdisciplinar de Pesquisas sobre a Epistolografia], na França, a respeito de correspondências

---

[339] *Ibidem*, p. 222.
[340] ANDRADE, 1981, p. 187.
[341] ANDRADE, 2012, p. 223.
[342] DUARTE, 1977, p. 217.

de escritores e processo de criação, escreve que por meio das cartas, textos frequentemente manuscritos e sem rascunho, brotados do ímpeto do desejo de comunicação, ao leitor é permitido participar dos estados de alma de quem as escreve. Além de serem úteis para acompanhar o processo de criação de uma obra, mostram-se excepcionalmente importantes, quando se deseja buscar o "homem" que está por trás dela. Arquivos da criação, preciosas como fontes informativas, permitem reconstituir, às vezes, o processo criativo em suas diferentes fases, podendo também se configurar verdadeiros testemunhos de emoções e conflitos interiores do autor.

Depois de todo o já evidenciado, parece claro que os dados biográficos obtidos por Mário de Andrade serviram apenas como fontes informativas a respeito de datas importantes da vida do personagem Jesuíno; pouco a pouco esse artista mestiço, representante do barroco paulista, ganha vida no processo de criação. Transforma-se em um homem com características detalhadas de comportamento, cujos sentimentos e emoções passam a ser vivenciados pelo leitor. As informações apenas indicam os momentos da vida do padre; no entanto tudo o mais, os relatos que completam os espaços entre um momento e outro, acabam sendo resultado da imaginação do autor, verdadeira criação subjetiva.

Apaixona-se pelo biografado, como ele mesmo escreveu e, a partir daí, o mergulho na ficção é inevitável. Cria um personagem projeção de si mesmo, fato irrefutável nos trechos em que aproxima a postura de Jesuíno, menino pardo, sem a "alvura impassível" dos "santos pintados", à de Mário, também menino, ambos no Convento do Carmo, um em Santos e outro em São Paulo, ou substitui o verbo, da terceira pessoa do singular, para a primeira, na fala do narrador/escritor repentinamente transformado em protagonista, ou ainda quando, embora historiador, se inclui na narrativa: "nos tornará a todos iguais"; "a gente".

A verdade é que: "Jesuíno só sabia, e sem querer, se biografar a si mesmo."[343]

O barroco paulista tivera, no pardo Jesuíno do Monte Carmelo, um autêntico representante, um artista com obra de caráter psicológico, que conseguira retratar expressões reveladoras de paixões profundas e sentimentos intensos, expressando até a revolta interior contra os brancos que, apesar de lhe quererem bem, não lhe permitiram, por exemplo, ser integrante da Ordem Terceira do Carmo.

---

[343] ANDRADE, 2012, p. 227.

Entusiasticamente, o pesquisador exaltou o artista, como ele, mestiço, "[...] protótipo de grupo abatido que se revolta."[344]

Jesuíno refletira, a partir da visão do pesquisador, sentimentos pessoais e sociais que o envolviam, enquanto ele mesmo, Mário de Andrade, no estudo realizado, acaba por deixar transparecer, de maneira inconsciente ou não, os próprios conflitos.

Cria um personagem reflexo de algumas de suas próprias questões pessoais, sem dúvida muito importantes, como é o caso de estar trabalhando e vendo, constantemente, a mão mestiça. O que o incomodava tanto na repetição do "refrão da mão"?

De quem seria essa mão mestiça? De Jesuíno, ou do próprio Mário de Andrade?

---

[344] *Ibidem*, p. 228.

REFERÊNCIAS

AMARAL, Aracy. *Artes Plásticas na Semana de 22* – Subsídios para uma história da renovação das artes no Brasil. 4. ed. São Paulo: Editora Perspectiva, 1979.

ANDRADE, Mário de. *Padre Jesuíno do Monte Carmelo* – edição de texto apurado por Maria Silvia Ianni Barsalini e Aline Nogueira Marques. Rio de Janeiro: Editora Nova Fronteira, 2012.

ANDRADE, Mário de. *Aspectos das artes plásticas no Brasil* – "O Aleijadinho". 3. ed. Belo Horizonte: Editora Itatiaia, 1984.

ANDRADE, Mário de. *Aspectos da literatura brasileira*. 5. ed. São Paulo: Livraria Martins Editora, 1974.

ANDRADE, Mário de. *Vida Literária* – Pesquisa, estabelecimento de texto, introdução e notas de Sonia Sachs. São Paulo: Hucitec: EDUSP, 1993.

ANDRADE, Mário de. *Cartas de trabalho* – correspondência com Rodrigo Melo Franco de Andrade (1936-1945). Brasília: Ministério da Educação e Cultura, Secretaria do Patrimônio Histórico e Artístico Nacional Pró-Memória, 1981.

ANDRADE, Mário de. *O baile das quatro artes*. Brasília: Livraria Martins Editora; Instituto Nacional do Livro; Ministério da Educação e Cultura, 1975.

ANDRADE, Mário de. *Entrevistas e Depoimentos* – Edição organizada por Telê Porto Ancona Lopez. São Paulo: T. A. Queiroz Editor, 1983.

ANDRADE, Mário de. *O Turista Aprendiz* – Estabelecimento de texto, introdução e notas de Telê Porto Ancona Lopez. 2. ed. São Paulo: Livraria Duas Cidades, 1983.

ANDRADE, Mário de. *Táxi e Crônicas no Diário Nacional* – Estabelecimento de texto, introdução e notas de Telê Porto Ancona Lopez. São Paulo: Livraria Duas Cidades; Secretaria da Cultura, Ciência e Tecnologia do Estado de São Paulo, 1976.

ANDRADE, Mário de. *O Banquete*. São Paulo: Livraria Duas Cidades, 1977.

ANDRADE, Mário de. *Aspectos da Literatura Brasileira*. São Paulo: Livraria Martins Editora, 1975.

ANDRADE, Mário de. *Os filhos da Candinha*. São Paulo: Livraria Martins Editora, 1943.

ANDRADE, Mário de. *A lição do amigo* – cartas a Carlos Drummond de Andrade. Rio de Janeiro: Livraria José Olympio Editora, 1982.

ANDRADE, Mário de. *Cartas a Manuel Bandeira* – Prefácio e notas de Manuel Bandeira. Rio de Janeiro: Ediouro, [s.d.].

ANDRADE, Mário de. *Cartas de Mário de Andrade a Álvaro Lins* – Estudos de Álvaro Lins – Apresentação de Ivan Cavalcanti Proença – Comentários de José César Borba e Marco Morel. Rio de Janeiro: Livraria José Olympio Editora, 1983.

ANDRADE, Mário de. *Cartas a Anita Malfatti* (1921-1939) – Edição organizada por Marta Rossetti Batista. São Paulo: Forense Universitária, 1989.

ANDRADE, Mário de. *Cartas a Murilo Miranda* – 1934 / 1945. Rio de Janeiro: Editora Nova Fronteira, 1981.

ANDRADE, Mário de. *Correspondente Contumaz* (Cartas a Pedro Nava) – 1925 /1944 – Edição preparada por Fernando da Rocha Peres. Rio de Janeiro: Editora Nova Fronteira, 1982.

ANDRADE, Mário de. *De Mário de Andrade a Fernando Sabino* – Cartas a um jovem escritor. 3. ed. Rio de Janeiro: Editora Record, 1981.

ANDRADE, Mário de. *71 Cartas de Mário de Andrade* – coligidas e anotadas por Lygia Fernandes. Rio de Janeiro: Livraria São José, [s.d.].

ANDRADE, Mário de. *Mário de Andrade escreve* – Cartas a Alceu Meyer e outros – coligidas e anotadas por Lygia Fernandes. Rio de Janeiro: Editora do Autor, 1968.

ÁVILA, Affonso. *O Lúdico e as projeções do Mundo Barroco I* – Uma linguagem *A dos Cortes* / Uma consciência *A dos Luces*. 3. ed. São Paulo: Editora Perspectiva, 1994. (Coleção Debates).

ÁVILA, Affonso. *O Lúdico e as projeções do Mundo Barroco II* – Áurea Idade da Áurea Terra. 3. ed. São Paulo: Editora Perspectiva, 1994.

ÁVILA, Affonso. *O Modernismo*. São Paulo: Editora Perspectiva, 1975.

BAZIN, Germain. *O Aleijadinho e a escultura barroca no Brasil*. 2. ed. Tradução de Mariza Murray. Rio de Janeiro: Editora Record, 1963.

BAZIN, Germain. *A arquitetura Religiosa Barroca no Brasil* – I e II. Tradução de Glória Lúcia Nunes. Rio de Janeiro: Editora Record, 1983.

BERRIEL, Carlos Eduardo O. *Tietê, Tejo, Sena:* a obra de Paulo Prado. Campinas: Papirus, 2000.

CANDIDO, Antonio. *Formação da literatura brasileira* – Momentos decisivos. São Paulo: EDUSP, 1977.

COLI, Jorge. *Música Final* – Mário de Andrade e sua coluna jornalística "Mundo Musical". Campinas: Editora da Unicamp, 1998.

DENIS, Ferdinand. *Resumo da História Literária do Brasil.* Tradução, prefácio e notas de Guilhermino César. São Paulo: Livraria Lima, 1968.

DIEZ, Dr. Jaime Castrejon; CASTREJON, Dra. Ruby Nickel de. *Santa Prisca* – Taxco. 14. ed. México: Selecciones Tipograficas, 1996.

DOSSE, François. *O desafio biográfico* – escrever uma vida. Tradução de Gilson César Cardoso de Souza. São Paulo: EDUSP, 2009.

DUARTE, Paulo de. *Mário de Andrade por ele mesmo.* 2. ed. São Paulo: Editora Hucitec, 1977.

DUQUE, Gonzaga. *A Arte Brasileira.* Campinas: Mercado das Letras, 1995.

GOMBRICH, E. H. *A História da Arte.* Tradução de Álvaro Cabral. 15. ed. [S . l.]: Editora LTC, [s. d.].

GREEMBERG, Clement. *Arte e Cultura* – Ensaios Críticos. Tradução de Otacílio Nunes. São Paulo: Editora Ática, 1996.

GULLAR, Ferreira. *Etapas da Arte Contemporânea* – Do cubismo ao neo concretismo. São Paulo: Livraria Nobel, 1985.

GULLAR, Ferreira (coord.). *Arte Brasileira Hoje* – Série Estudos sobre o Brasil e a América Latina – volume 23. São Paulo: Editora Paz e Terra, 1973.

HOBSBAWN, Eric; RANGER, Terence (org.). *A invenção das tradições.* Tradução de Celina Cardin Cavalcante. São Paulo: Paz e Terra, 1984.

HOLANDA, Sérgio Buarque de. *Raízes do Brasil.* Rio de Janeiro: Livraria José Olympio Editora, 1936.

IANNI, Octavio. *Enigmas da modernidade* – *mundo.* Rio de Janeiro: Civilização Brasileira, 2000.

KOIFMAN, Georgina. *Cartas de Mário de Andrade a Prudente de Moraes, neto*. Rio de Janeiro: Nova Fronteira, 1985.

LAJOUS, Jaime Ortiz. *Oaxaca* – Tesoros del Centro Histórico. 2. ed. México: Mosaico Mexicano, 1994.

LE GOFF, Jacques. *História e Memória*. Campinas: Editora da Unicamp, 1990.

LOPEZ, Telê Porto Ancona. *MÁRIO DE ANDRADE:* Ramais e Caminhos. São Paulo: Livraria Duas Cidades, 1972.

MACHADO, Lourival Gomes. *Barroco Mineiro*. 4. ed. São Paulo: Editora Perspectiva, 1991.

MAYER, Arno J. *A força da tradição* – A persistência do antigo regime (1848-1914). São Paulo: Cia. Das Letras, 1987.

MORAES, Rubens Borba. *Lembrança de Mário de Andrade* – 7 cartas. São Paulo: Digital Gráfica, 1979.

MORENO, Luisa Ruiz. *Santa Maria de Tonantzintla.* El relato en imagen. México: Consejo Nacional para la Cultura y las Artes, 1993.

OLIVEIRA, Myriam Andrade Ribeiro de. *Arte Barroca* – Mostra do Redescobrimento. São Paulo: Fundação Bienal de São Paulo, 2000.

OLIVEIRA, Myriam Andrade Ribeiro de. *Aleijadinho Passos e Profetas.* São Paulo: Editora Itatiaia; Editora da Universidade de São Paulo, 1984.

PANOFSKY, Erwin. *Idea:* a evolução do conceito de Belo. São Paulo: Martins Fontes, 1994.

PANOFSKY, Erwim. *O significado nas artes visuais*. 3. ed. São Paulo: Editora Perspectiva, 1955.

PAZ, Octavio. *Historia Geral da Arte* – Artes Decorativas I. Prado: Ediciones del Prado, 1995.

PAZ, Octavio. *Los hijos del limo* – Del romanticismo a la vanguardia. Barcelona: Biblioteca Breve; Editorial Seix Barral, 1974.

TIRAPELI, Percival (org.). *Arte Sacra Colonial* – Barroco Memória Viva. São Paulo: Editora Unesp, 2001.

VARGASLUGO, Elisa. *Mexico Barroco*. México: Gráficas Monte Albán, Hachette Latino-América, 1993.

WEISBACH, Werner. *El Barroco – Arte de la Contrarreforma*. 2. ed. Taducción y ensaio preliminar de Enrique Lafuente Ferrari. Madrid: Espasa-Calpe, 1948. p. 9-23.

WHITE, Hayden. *Trópicos do discurso* – Ensaios sobre a crítica da cultura. Tradução de Alípio Correa de França Neto. São Paulo: EDUSP, 1994.

ENCICLOPÉDIA

História Geral da Arte. Espanha: Ediciones del Prado, 1996.

ENSAIOS

ANDRADE, Mário de. O Aleijadinho. *Aspectos das artes plásticas no Brasil*. 3. ed. Belo Horizonte: Editora Itatiaia Limitada, 1984.

ANDRADE, Mário de. A arte religiosa no Brasil. *Revista do Brasil*, v. 13, n. 49, 1920.

ANDRADE, Mário de. A arte religiosa no Brasil. *Revista do Brasil*, v. 13, n. 50, 1920.

ANDRADE, Mário de. A arte religiosa no Brasil. *Revista do Brasil*, v. 13, n. 52, 1920.

ANDRADE, Mário de. A arte religiosa no Brasil. *Revista do Brasil*, v. 14, n. 54, 1920.

DUPRAT, Régis. ITU: música sacra do período colonial – Procissão de Palmas, de Jesuíno do Monte Carmelo (1764-1819). *ARTEunesp* – Universidade Estadual Paulista, São Paulo, v. 2/4, 1986/1988.

EULÁLIO, Alexandre. Tradição e ruptura – Síntese de Arte e Cultura Brasileiras – novembro 1984 – janeiro 1985. São Paulo: Fundação Bienal de São Paulo, 1985.

LIMA, José Lezama. A curiosidade barroca. *A expressão americana*. Tradução, introdução e notas de Irlemar Chiampi. São Paulo: Brasiliense, 1988.

NUNES, Benedito. O universo filosófico e ideológico do barroco. *No tempo do misticismo e outros ensaios*. São Paulo: Editora Ática, 1983.

CATÁLOGO

LISBOA, Antonio Francisco. O "ALEIJADINHO" – o que vemos e o que sabemos. Reedição especial para o Museu Republicano "Convenção de Itu", para a exposição acontecida de 01 de fevereiro a 04 de abril de 2001, na cidade de Itu, do catálogo da exposição realizada de novembro de 2000 a janeiro de 2001 no Museu Nacional de Belas Artes no Rio de Janeiro.

GUIAS TURÍSTICOS

Visitando Ouro Preto e Congonhas – Ouro Preto Turismo – Fotos José Israel Abrantes – Texto C. Bandeira de Melo – s/d.

Guia Breve de Taxco – Edición elaborada por Artes de Mexico – Nueva Epoca – Edición Especial.

BIBLIOGRAFIA DAS ILUSTRAÇÕES

Figura 1 – Igreja de San Lorenzo, em Potosí, na Bolívia.............................29
Fonte: foto de Percival Tirapeli – acervo pessoal

Figura 2 – Igreja de San Lorenzo, em Potosí, na Bolívia.............................30
Fonte: foto de Percival Tirapeli – acervo pessoal

Figura 3 – Igreja de San Lorenzo, em Potosí, na Bolívia.............................31
Fonte: foto de Percival Tirapeli – acervo pessoal

Figura 4 – Templo de Santo Domingo, em Puebla, México.............................36
Fonte: foto de Percival Tirapeli – acervo pessoal

Figura 5 – Sagrario Metropolitano, na Cidade do México.............................36
Fonte: foto de Percival Tirapeli – acervo pessoal

Figura 6 – Templo de Santa Mônica, em Guadalajara, México...................37
Fonte: foto de Percival Tirapeli – acervo pessoal

Figura 7 – Templo de Santa Maria de Tonantzintla, em Puebla, México..........37
Fonte: foto de Percival Tirapeli – acervo pessoal

Figura 8 – Cúpula do templo de Santa Maria de Tonantzintla, em Puebla, México..38
Fonte: foto de Percival Tirapeli – acervo pessoal

Figura 9 – Atlante na Igreja Nossa Senhora do Carmo, em Sabará, Minas Gerais..104

Fonte: foto de Percival Tirapeli – acervo pessoal

Figura 10 – Profeta Daniel no Santuário de Congonhas do Campo, Minas Gerais..105

Fonte: foto de Percival Tirapeli – acervo pessoal

Figura 11 – Profeta Isaías no Santuário de Congonhas do Campo, Minas Gerais..106

Fonte: foto de Percival Tirapeli – acervo pessoal

Figura 12 – Adro dos Profetas no Santuário de Congonhas do Campo, Minas Gerais..106

Fonte: foto de Percival Tirapeli – acervo pessoal

Figura 13 – Igreja de São Francisco em Ouro Preto, Minas Gerais.............107

Fonte: foto de Percival Tirapeli – acervo pessoal

Figura 14 – Aleijadinho – Retábulo-mor da Igreja de São Francisco, em Ouro Preto, Minas Gerais..107

Fonte: foto de Percival Tirapeli – acervo pessoal

Figura 15 – Mestre Ataíde – Pintura da Nave na Igreja de São Francisco, em Ouro Preto, Minas Gerais..108

Fonte: foto de Percival Tirapeli – acervo pessoal

Figura 16 – Mestre Ataíde – Pintura da Nave na Igreja de São Francisco, em Ouro Preto, Minas Gerais..109
Fonte: foto de Percival Tirapeli – acervo pessoal

Figura 17 – Teto da Igreja Nossa Senhora do Carmo, em Itu, São Paulo........133
Fonte: foto de Juca Ferreira – acervo pessoal

Figura 18 – Teto da nave da Igreja Nossa Senhora do Carmo, em São Paulo....135
Fonte: foto de Percival Tirapeli – acervo pessoal

Figura 19 – Teto da nave da Igreja Nossa Senhora do Carmo, em São Paulo....136
Fonte: foto de Percival Tirapeli – acervo pessoal

Figura 20 – Teto da nave da Igreja Nossa Senhora do Carmo, em São Paulo....136
Fonte: foto de Percival Tirapeli – acervo pessoal

Figura 21 – Teto da nave da Igreja Nossa Senhora do Carmo, em São Paulo....137
Fonte: foto de Percival Tirapeli – acervo pessoal

Figura 22 – Teto da nave da Igreja Nossa Senhora do Carmo, em São Paulo....137
Fonte: foto de Percival Tirapeli – acervo pessoal

Figura 23 – Teto da nave da Igreja Nossa Senhora do Carmo, em São Paulo....138
Fonte: foto de Percival Tirapeli – acervo pessoal

Figura 24 – Aquarela de Miguel Arcanjo B. Dutra da Igreja de Nossa Senhora do Patrocínio, em Itu, São Paulo.. 139

Fonte: domínio público – acervo Museu Republicano Convenção de Itu/USP

Figura 25 – Padre Jesuíno do Monte de Carmelo – Tela de São João da Cruz na Igreja do Patrocínio, em Itu, São Paulo.. 140

Fonte: foto de Juca Ferreira – acervo pessoal

Figura 26 – Padre Jesuíno do Monte de Carmelo – Tela de São Simão Stock na Igreja do Patrocínio, em Itu, São Paulo.. 141

Fonte: foto de Juca Ferreira – acervo pessoal

Figura 27 – Padre Jesuíno do Monte de Carmelo – Tela de Santa Tereza na Igreja do Patrocínio, em Itu, São Paulo.. 142

Fonte: foto de Juca Ferreira – acervo pessoal

Figura 28 – Padre Jesuíno do Monte de Carmelo – Tela de Maria da Encarnação na Igreja do Patrocínio, em Itu, São Paulo.. 143

Fonte: foto de Juca Ferreira – acervo pessoal

Figura 29 – Padre Jesuíno do Monte Carmelo..................................... 144

Fonte: domínio público – Enciclopédia Itaú Cultural

www.musicabrasilis.org.br/compositores/jesuino-do-monte-carmelo

Figura 30 – Aquarela de Miguel Arcanjo B. Dutra – Padre Elias do Monte Carmelo.. 145

Fonte: domínio público – Acervo Museu Paulista (USP)

www.wikidata.org/wiki/Q117431109